文芸社セレクション

# ジプシー民話

下宮 忠雄
SHIMOMIYA Tadao

文芸社

# まえがき

　本書はジプシー民話15編とジプシーの歌9編を日本語で収め、解説したものである。Franz Miklosich（フランツ・ミクロシチ, 1813-1891, ウィーン大学スラヴ語教授）が著書 Über die Mundarten und Wanderungen der Zigeuner Europas, IV, Wien, 1874, pp.1-67）に収録し、行間ラテン語（interlinear Latin）を付したものを原文、ジプシー語を参照しながら日本語に訳し、後半にジプシー概説を載せた。

　原文は Märchen und Lieder der Zigeuner der Bukowina, Erster Theil. Texte mit lateinischer Interlinearversion となっている。ブコヴィナは「白樺（シラカバ, beech, ドBuche, ラfagus）の国」の意味で、ルーマニア、北カルパチア地方にあたる。

　著者ミクロシチ（1813-1891）はオーストリアの言語学者で、ウィーン大学スラヴ語教授であった。「スラヴ語比較文法 Vergleichende Grammatik der slavischen Sprachen, 全4巻, Wien, 1852-1875」（合計2578頁）；「スラヴ諸語語源辞典、他の印欧諸語および方言を考慮して Etymologisches Wörterbuch der slavischen Sprachen, mit Berücksichtigung der anderen indogermanischen Sprachen und Dialekte. Wien, 1886, reprint Amsterdam, Philo Press, 1970, viii + 548頁」；Dictionnaire abrégé de six langues slaves. St.Petersburg & Moscow, 1885, の著書があり、著者を顕彰した Miklosichgasse（1954）がウィーンの墓地 Floridsdorf（21区 Bezirk）にある。

　2024年1月20日　埼玉県所沢市小手指の研究室　下宮忠雄

# 目　　次

| | |
|---|---:|
| まえがき | 2 |
| Miklosich 掲げる参考文献 | 5 |
| **I　ジプシー民話（Märchen 童話）** | |
| 1.　悪事がばれる（Es kömmt doch an den Tag） | 6 |
| 2.　雌馬の息子（Der Säugling der Stute） | 7 |
| 3.　欺かれた龍（Der betrogene Drache） | 9 |
| 4.　予言者（Nazdrъvánu, propheta, divinator） | 10 |
| 5.　王子と遊び友達と美しいナスターサ<br>　　（Der Prinz, sein Gespiele und die schöne Nastasa） | 12 |
| 6.　ダイヤモンドのタマゴを生むメンドリ<br>　　（Die Diamanten legende Henne） | 16 |
| 7.　ライバル、豚飼いが王女と結婚した話（Die Nebenbuhler） | 20 |
| 8.　翼をもった英雄（Der geflügelte Held） | 22 |
| 9.　征服された女巨人（Die überwundene Amazone） | 24 |
| 10.　美男のペトリ（Fecfrumos, Petrus facie formosus） | 26 |
| 11.　罰せられた母親（Die bestrafte Mutter） | 27 |
| 12.　金持ちの兄と貧乏な弟（Der reiche und der arme Bruder） | 31 |
| 13.　呪われた町（Die verwünschte Stadt） | 33 |
| 14.　嫉妬深い夫（Der Eifersüchtige） | 35 |
| 15.　悪魔と契約を結んだ男（Der dem Teufel Verschriebene） | 37 |
| **II　ジプシーの歌（Lieder der Zigeuner）** | |
| 1.　夫の愛（Gattenliebe） | 41 |
| 2.　病気の英雄ドイチン（Der kranke Held Dojčin） | 43 |
| 3.　捕虜たち（Die Gefangenen） | 46 |
| 4.　タタールとの戦い（Der Kampf mit den Tataren） | 48 |
| 5.　盗まれた馬たち（Die geraubten Pferde） | 51 |

| | | |
|---|---|---|
| 6. | 貧しい男（Der Arme） | 52 |
| 7. | 解放（Die Befreiung） | 54 |
| 8. | 盗賊が貧乏人たちを思い出す（Der Räuber denkt der Armen） | 56 |
| 9. | コサック兵と恋人（Der Kozak） | 57 |

## Ⅲ ジプシー語解説

| | | |
|---|---|---|
| 1. | ジプシー語案内 | 59 |
| 2. | ジプシーの三種族 | 61 |
| 3. | 起源 | 63 |
| 4. | 研究史 | 65 |
| 5. | 音論 | 66 |
| 6. | 形態論 | 67 |
| 7. | 語彙 | 69 |
| 8. | テキスト | 70 |
| 9. | ことわざ | 76 |
| 10. | 文献解題 | 80 |
| 11. | 日本語文献 | 85 |
| 12. | ジプシー民話6「ダイヤモンドのタマゴを生むメンドリ」テキストのための語彙 | 86 |

Miklosich掲げる参考文献：

**1**. A.J.Puchmayer, Grammatik und Wörterbuch der Zigeuner-Sprache. Prag 1821. **2**. A.F.Pott, Die Zigeuner in Europa und Asien. 2 Bde. Halle 1844-1845. **3**. O.Böhtlingk, Über die Sprache der Zigeuner in Russland. Bulletin de la classe historico-philologique. St.Pétersbourg 1853. I.261（Es sind die Lieder in der Mundart der Moskauer Zigeuner). **4**. Bornemisza János, A' czygány nyelv elemei in：Új magyar muzeum. Pest 1853. IV. 83. Fünf kurze Lieder mit etwas übersetzter Prosa in der Mundart der ungrischen Zigeuner. **5**. A.Vaillant, Grammaire, dialogue et vocabulaire de la langue des Bohémiens ou Cigains. Paris 1868. Gespräche in der Mundart der rumunischen Zigeuner. **6**. F.Müller, Beiträge zur Kenntnis der Romsprache. I. Sitzungsberichte LXI. 149. Märchen und Lieder in der Mundart der ungrischen Zigeuner. **7**. A.G.Paspati, Études sur les Tchingianés ou Bohémiens de l'empire Ottoman. Constantinople 1870. Märchen in der Sprache der griechischen Zigeuner.

**8**. F.Müller, Beiträge zur Kenntnis der Romsprache. II. Sitzungsberichte LXX. 85.

# I ジプシー民話（Märchen 童話）

## 第1話「悪事がばれる」（Es kömmt doch an den Tag）

［著者ミクロシチは表題のみドイツ語訳を付している。kömmt は現代語で kommt］

　ある男に大勢子供がいた。三人の娘が小麦を刈っていた。そこへ王子が通りかかった。長女が言った。「もし王子さまが私と結婚したら、一巻きの糸で軍隊全部の衣装を作ってあげるわ。」次女が言った。「もし王子さまが私と結婚してくれたら、パン1個で軍隊全部を養ってあげるわ。」三女が言った。「もし王子さまが私と結婚したら、金髪の、真珠の歯をした聖なる大臣（sanctos logothetas）を二人生むわ。」それを聞いて王子は末娘と結婚した。半年一緒に暮らしたとき、王子は戦争に出かけねばならなかった。王子の留守中、妻は二人の息子を生んだ。戦争から帰国した王子に下女は「奥さまはイヌを二匹産んだと報告した。下女は妻を家畜小屋に隠し、胸まで埋めて、二人の赤子にはイヌの乳を与えた。王子は（美しかった）下女と結婚した。二人の息子は、ある貴婦人に7年間育てられた。王子は王となり、ある日、舞踏会を開催し、ブコヴィナ全土の住民を招待した。彼らは楽しく飲食した。王が壇上に立って言った。「みなさん、私の受けた苦しみを聞いてください。」そのとき、門のところに二人の少年が立っているのを王が見つけ、あなたがたは誰かと尋ねた。二人は身の上を語った。王妃は無事に帰還した。息子たちよ、よかったね。お母さん、ありがとう。下女の悪事は暴露され、馬に引きずり回されて、八つ裂きにされた。

## 第2話「雌馬の息子」(Der Säugling der Stute)

　教会の長老が雌馬との間に息子を生んだ。父親はこれを恥じて雌馬を森に放置したが、神は息子を祝福し洗礼を施した。馬の息子（filius equae）は徳と力の高い青年に成長した。馬の息子は、木割り（finde-arbores）、石割り（finde-lapides）、木曲げ（deflecte-arbores）の友を得て、四人で森に住むことになった。三人が猟に出て、一人が食事の支度をすることに決めた。最初、木割りが家に残り、食事の用意をしていると、一人の老人が現れ、空腹なので食事をくれ、と言ったので、拒否すると、力づくで、出来上がった料理を全部食べてしまった。翌日、石割りも同じ結果になった。木曲げも同じだった。馬の息子に順番が来たとき、「どうぞ」と食事を与えるふりをして、老人の長いひげをブナの木（fagus）の割れ目に挟んで動けないようにしてしまった。しかし老人は怪力でブナの木を引っこ抜き、地下の洞穴に逃げて帰ってしまった。猟から帰った三人は仲間の英雄ぶりに驚嘆した。食事をとったあと、馬の息子は木のあとをたどって、地下の老人の住む洞穴に向かった。四人は老人を乗せるためのカゴと長いヒモを作り、三人がカゴを引き上げることになっていた。馬の息子は洞穴にいた老人を乗せ、さらに大きな石も乗せた。これが引き上げられれば、自分も乗れるだろうと思った。ところが、恐れをなした三人は引き上げる途中でヒモを切ってしまったのだ。老人と、馬の息子は、地下の世界にまっさかさまに落ちてしまった。老人は老女と一緒に地下に住んでいた。二人は盲目（coeci＝caeci）であった。わけを尋ねると、悪霊（zьne, pl.Zenen, böse weibliche Genien）に目を盗まれたという。馬の息子は気の毒に思って、悪霊から四つの目を取

り戻し、水で洗って、老人と老女に埋め込んでやった。馬の息子は無事に地上に帰った。仲間の正義を試すために、四本の矢を空中に放つと、三本は三人の頭上に落ちて、三人とも命を落として、四本目は馬の息子の目の前に落ちて、死ななかった。

## 第3話「欺かれた龍」（Der betrogene Drache）

　ある老人に大勢の息子がいた。森の中に地下の洞穴があった。老人が言った。「ケーキを作っておくれ。獲物を探しに行くから。」老人は森へ行き、泉を発見した。泉のそばにテーブルがあったので、持参したケーキを載せた。カラスどもがやって来て、ケーキを食べてしまった。老人は泉のそばで眠ってしまったのだ。彼が目を覚ますと、ハエどもがケーキのくずを食べていた。彼は手のひらで100匹を殺した。「私は手のひらで100匹殺した」とテーブルに書いて、また寝てしまった。水牛の皮膚をもった龍が水を飲みにやって来た。老人の書いたものを見て、龍は恐れをなして、老人に言った。「兄弟になろう」と。途中でサクランボの木を見つけたので、二人はその実を食べた。老人は泉のまわりを掘り始めた。「何をしているんだ？」「森の木を全部切って、家に持ち帰るんだ。」「そんなことはやめてくれ。」龍は妻に相談した。「あなたの大きな棍棒でそいつの頭を打ち砕いたら？」だが、それは成功しなかった。龍が言った。「ほしいものは何でもやるから、帰ってくれ。」「じゃあ、袋一杯の金をくれ。」老人は村へ帰り、そのお金で牡牛と雌牛を買った。

## 第4話「予言者」(Nazdrъvánu, propheta, divinator)

　ある王（imperator）に三人の息子がいた。王が舞踏会を催すと、ブコヴィナ全土から人が集まった。すると雲が出てきて、龍が王妃を連れ去ってしまった。三人の王子の一番末は予言者だった。一番上の王子と二番目の王子は、あいつは気違い（demens, d'ilú 'dumm'）だと言っていた。末の王子が言った。「お母さんを探しに行こうよ。」道の分かれ目に来たとき、長兄は町への道を、次兄は村への道を、末弟は森への道を進んだ。末弟は森の中で、おなかがすいたので、木になっているリンゴを一つ食べた。すると、角が二本、生えた。「神さまがくださったのだから、このままにしよう。」しばらく行くと、川があり、それを渡ると、肉が落ちた。「神さまがそうなさったのだから、そのままにしよう。」しばらく行くと、また川があった。それを渡ると、落ちた肉が生えて、前よりも美しい身体になった。山の上に石の塊（saxum lapideum, Steinfels）があり、石を動かすと、穴があった。彼は（母親発見の合図に）トランペットを吹き始めた。兄たちが来た。「お母さんが見つかったのか。」「見つかったよ。だから来てよ。」三人は石の塊のところに来た。「この石をどけてよ。」「ぼくたちはできないよ。」「じゃあ、ぼくがやってみよう。」末弟が石を動かすと、穴があった。「ここにお母さんがいるんだよ。」「誰が入るの？」「ぼくたちはいやだよ。」「じゃあ、ぼくが入るよ。だが、その前に、森へ行ってロープと籠を作ろう。ぼくがロープを引いたら、引き上げてよ。」末弟が下におりて行くと、最初の部屋に龍が連れ去った王女がいた。「なぜあなたはお出でになったのですか。龍が来たら、殺されますよ。」「老いた婦人が龍に連れて来られ

ませんでしたか。」「存じません。しかし二番目の部屋に妹がおりますので、そこで尋ねてみてください。」そこを訪ねると、同じように、三番目の部屋に末の妹がおりますので、そこで尋ねてごらんなさい、と言った。三番目の部屋を訪ねると、そこには末の王女がいた。彼女も同じように、あなたの探していらっしゃる方は四番目の部屋にいますよ、と言った。やっと会えた母親は息子に言った。「なぜ来たのですか。龍が来たら殺されますよ。」「心配しないでください。一緒に来てください」と言って、母親を籠のところへ連れて行った。「兄さんたちに伝えてください。娘さんが三人いますから、連れ出してください」と。ロープを引くと、母親が引き上げられた。長女と次女（王女たち）も次々に引き上げられた。末弟は三番目の王女を籠に乗せる前に彼女に言った。「私が来るまでは結婚しません、と誓ってください。」彼女はそれを誓った。最後に末弟が籠に乗ると、ロープが切れてしまった。彼らは末弟を亡き者にしようとしたのだ。末弟は泣く泣く地下の宮殿に戻った。そこには龍がいて、「何か用か」と尋ねるので、「私を地上に戻してください」と言うと、「私」を肩に乗せて、出してくれた。（以下、二種類の水と仕立て屋の話は省略）長兄も次兄も末の王女に求婚したが、二人とも断られたので、長兄は上の王女と、次兄は次の王女と結婚した。最後に、末弟は末の王女と結婚することができた。最後に、末弟が弓矢を放つと、長兄も次兄も命を失った。末弟を殺そうとした罪である。

［なぜか、母親は救出してくれた息子に感謝する言葉がなく、三人の王女の救出にも感謝の場面がない。弓矢による罰は第2話の「雌馬の息子」と同じ。叙述がまわりくどい。］

## 第5話「王子と遊び友達と美しいナスターサ」

(Der Prinz, sein Gespiele und die schöne Nastasa) [anástasis 'Auferstehung, resurrection, standing up']

ある王 (imperator, 'king') に息子が一人いた。王は王子を学校に入れた。息子は文学に励 (はげ) んだ。息子は王に言った。「お父さん、ぼくは仲間 (同好の人) がほしいのです。学校は退屈です。」王は二人の大臣を呼んで、息子の希望に合うような少年、容姿も背丈も同じような少年を探すように、金の馬車を仕立てて、世界に送り出した。大臣たちは世界中をまわり、一人の少年を見つけ、王のところに連れてきた。王はその少年を学校に入れたが、彼は息子よりも学業に励んだ。

ナスターサ (アナスタシア) という非常に美しい王妃がいた。彼女は処女で、軍隊を率いていた。彼女の馬を12人の男が率いていた。彼女の剣を12人の男が守っていた。諸国の王子たちが彼女に求婚に行くと、彼女は言った。「私の馬に乗り、私の剣を振るう人が私の夫になるでしょう。」連れ出された彼女の馬を見ると、王子たちは恐れをなして、退却した。この物語の主人公である王子が父に言った。「お父さん、ぼくは美しいナスターサのところに行って、婚約してきます。一緒に行こう、兄弟よ。」父は二人に馬と十分なお金を与えた。二人はナスターサをめざして出発した。夜になったので、休んで火をたいた。「もしナスターサがぼくのそばにいたら、ぼくは彼女のそばに行って、彼女の馬に乗り、彼女の剣を振りかざすぞ。」兄弟は言った。「お前はここにいて、豚を飼いなさい。」彼は王子の首を切り、立ち去った。すると二人の Huculi (羊飼い) が来て、彼の首をそこに (ūnā, kajthán）置いた。そしてそこに生きた水（aqua viva）を注ぐと、王子は生き返り、彼の馬に乗り、羊飼いのそれぞれに金のこぶしを与えた。羊飼いは生き返った王子と一緒に進んだ。「私の言うとおりにすれば、うまく行きますよ。」「わかった。君の言うとおりにしよう。」（以下、シグルドSigurdとグンナルGunnarのように、身分を交換する）二人が美しいナスターサのところへ着くと、「あなたがたはなぜ来たのですか。」「あなたに食事を与えるために来たのです。」彼女は言った。「よろしい、私の馬に乗りますか。」「乗りましょう。」彼女が召使たちに「馬を引き出しておいで」と言うと、12人の男が馬を引き出してきた。兄弟が馬に乗ると、馬は振り落とそうとして、高く飛び上がった。兄弟は鞭を取り、馬の頭を殴り続けた。馬が言った。「殺さないでください。ゆっくり下ろしますから。」ナスターサは二人が馬を乗りこなしたのをしっかり見た。兄弟が言った。「剣を持って来てください。」12人の男が剣を運んで来た。兄弟は剣を振り上げて第9地方（nona regio）に投げた。そこには恐ろしいパウルス（Paulus ferox）がいて、屋根に棕櫚（しゅろ）の木で括り付けられていた。そこまで投げられた剣がパウルスの手を切った。パウルスは逃げた。馬と剣のテストをクリアした二人はテーブルに招待され、12人の大臣たちと飲食した。二人ともそこに留まるように言われたが、王子のみそこに留まり、兄弟は去った。夜になったので、美しいナスターサは王子を呼んだ。彼女は彼を両足に挟んだので、彼は死ぬ思いだった。彼は彼女に言った。「そとへ（frigidum aërem）行かせてください。」「どうぞ。」彼は外へ出て行った。王子は兄弟に言った。「君はここにいてよ。ぼくは去るから。」兄弟が

残り、彼女のもとで寝た。彼女は彼を両足で挟んだ。彼は鞭を取り、彼女を激しく叩いたので、彼女の中の怪力が去り、女の力が残った。翌日、彼は王子に言った。「さあ、恐れることはないよ。彼女のところへ行ったら、彼女の耳にびんた（alapa）を与えなさい。」王子はその晩、彼女に耳びんたを食らわせた。翌日、二人が散歩に出たとき、彼女は王子に言った。「あなた、なんとひどい殴り方をなさったんでしょう。それなのに、あなたは入ってきたときに、私にキッスをなさいました。」王子は彼女に言った。「ぼくはキッスなどしませんよ。あなたに耳びんたを与えただけですよ。」「では、誰が私を殴ったのでしょう。」「あなたを殴ったのは、ぼくの兄弟ですよ。」彼女は何も言わなかった。その晩、彼は別の部屋で寝た。彼女は剣を取り、王子の両足を切った。彼は車を作ってもらって、恐ろしいパウルスのところに来た。王子はパウルスに言った。「兄弟よ、どこに行くのか。」「私は手がないので、私を養ってくれる世界へ行くところだ。」「私は足がないので、私を養ってくれる世界へ行くところだ。では、十字架の兄弟になろう。君は足があるのだから、ゆっくり車を引いてくれ。」二人は乞食をしながら旅をした。ある町へ来たとき、ある少女が施しものをくれた。王子は彼女をつかまえて車に乗せて、森へ逃げ去った。二人は罪を犯さないことを誓い合った。悪魔が来て、彼女と寝た。彼らは寝息を聞いた。そして翌朝、目を覚ました。Dorohýj Kúpec（ウクライナ語、親愛な商人）が尋ねた。「あなたは誓った。なぜあなたは彼女のところに来て、罪を犯したのか。」「私はいませんでした。私も聞いたからです。それで、私はあなたが（そこに）いたと思ったのです。」（以下省略）泉の水で王子の両

14

足を洗うと、足が元通りになった。パウルスの手も泉の水で元通りになった。親愛な商人は生命の泉（aqua viva）と死の水（aqua mortua）を瓶に入れて家に持ち帰り、火を起こして、木のまじない（orgyia lignorum）を作り、悪魔を燃やして、風の中に吹き飛ばした。親愛な商人が言った。「さあ、兄弟よ、あの少女のところへ行って、彼女と暮らしなさい。私は兄弟のところに行くから。」彼は途中で豚を飼っている兄弟に出会った。「こんにちは、兄弟よ、あなたは豚を飼うだろう、と私が言ったでしょう。私の服を着なさい。そしてあなたの服を私にください。私が豚飼いになりますよ。あなたは（ナスターサのところに）お帰りなさい。」彼は豚を家に連れて帰った。彼女は叫んだ。「なぜあなたはそんなに早く豚を家に帰すのですか。」豚たちは家畜小屋に帰ったが、1匹だけ帰ろうとしなかった。彼はその豚を鞭で打ったので、死んでしまった。美しいナスターサはこれを見て、宮殿に逃げ帰った。親愛な商人は彼女に言った。「こんにちは、王妃さま。」彼は彼女を捕まえて粉々に砕き、三つの山を作った。二つを犬どもに与え、一つを女性の身体に作った。これに死の水を振りかけ、次に生命の水を振りかけた。すると彼女は生き返った。「兄弟よ、彼女と暮らしなさい。彼女には昔の怪力がありません（今は普通の力です）」と彼は言って、自分の家に帰って行った。

　［注］親愛な商人（Dorohýj Kúpec ドロヒーイ・クーペッツ）は王子の遊び友だちの名。

## 第6話「ダイヤモンドのタマゴを生むメンドリ」

(Die Diamanten legende Henne)

　これは下宮『アンデルセン名句ほか』(文芸社2023, p.230-233) に採録したものだが、ここに再度、掲げる。『アンデルセン名句ほか』のp.216-249「ジプシー語案内」はジプシー概説、ジプシー語文法、テキスト、参考書、語彙を含んでいる。

　Bukovina (ブコヴィナ；ド Buchenland「ブナの森林地方」ウクライナ西部、ルーマニア北東部) のジプシー民話。F.Miklosich ミクロシチ (IV, 1874) より。行間にラテン語訳が添えられている。母音 ŭ は英語 but, blood の音 (ъ；ルーマニア語 î)。

1. Sas ek manúš čoró, haj sach les trin rakroló. (Erat homo pauper, et erant ei tres filii.) ある貧しい男に三人の息子がいた。

　［注］sas='erat' (Boretzky)；ek=yek 'a, one'；manúš 'homo'；čoró 'poor'；haj < thaj < ai. tathāpi 'so, in der Weise'；sach 'erant' (Miklosich, IX, p.51 は単数も複数も sas)；les 'ei, ihn, ihm'；trin 'three'；rakloró, pl.of rakló 'boy' (non-Gypsy), son'

2. h'arakl'ás o maj cъgnó šou grijcári, haj pend'ás；et invenit natu minimus sex crucigeros, et dixit.

　末の息子が6クロイツァーを見つけて言った。

　［注］h'=haj 'and'；arakl'ás 'found', 3.sg.past of arak 'to find'；o 'the'；maj 'more'；cъgnó=ciknó 'small', o maj ciknó 'smallest'；šou 'six'；grijcár 'Kreuzer' 小貨幣、十字架の像があることから。pend'ás, 3.sg.past of phen 'say', ai.bhánati 'laut rufen'.

3. 'ale, dáde, kadól šou grijcári, haj že and o fóru,
　cape, pater, hos sex crucigeros, et i in urbem,

「お父さん、この6クロイツァーを持って町へ行って。」

〔注〕ále (adv.), ále túkъ 'nimm, da hast du'； dád 'father'； kadól, pl.of kadó 'this'； že, 2.sg.imperative of ža 'to go', džal, ai.yāti； and 'in' = andré ＜ ai. antare 'inside'； fóru 'town, city' ＜ gr.phóros.

4. haj ťiné oare so'. haj gъľás o phuró and o fóru,

   et emes aliquid.' et ivit senex in urbem.

   「そして何か買って来てよ。」そこで老人は町へ行った。

〔注〕ťin, ťiné, sg.2. imperative of ťin 'kaufen'； oare 'irgend', oare so 'irgend etwas'； gъľás, pret.sg.3. of ža 'gehen', -as は過去の語尾。1. のs-asも同じ。phuró 'old, old man' ＜ ai. vṛddha- 'old'.

5. haj ťindóu ek kajńí, h'andóu la khъrъ.

   et emit unam gallinam, et attulit eam domum.

   そしてメンドリを1羽買って、家へ持ち帰った。

〔注〕ťindóu, pret.3.sg.of ťin 'kaufen'； kajńí 'hen'（語源不明, Boretzky-Igla）； andóu, pret.3.sg.of an 'holen, bringen' ＜ ai.ānáyati 'herführen'； la, prep. 'to'； khъrъ = kher 'house' ＜ ai. gṛha- 'house'.

6. haj kъďóu e kajńí ek anró adjamantósko.

   et fecit gallina unum ovum adamaninum.

   すると、メンドリはダイヤモンドのタマゴを生んだ。

〔注〕kъďóu, pret.sg.3 of kъr, kar 'machen, tun, bauen, gebären, legen (Eier)' ＜ ai.károti； e 'the', fem.； anró 'egg' ＜ ai.āṇḍa； adjamantósko, sg.gen.of adjamánto 'diamond'.

以下、日本語で要約する。

翌朝、老人は、このタマゴを持って町へ行き、商人にタマ

ゴを売った。「いくらほしいか。」「100グルデンほしい。」老人はお金を受け取り、そのお金で食料を買い、子供たちを学校へ行かせた。次の日も、メンドリはダイヤモンドのタマゴを生んだ。老人はまた100グルデンを得た。次の日もまたタマゴを生んだ。そのタマゴには次のように書かれていた。「メンドリの頭（šъró, caput）を食べる者は皇帝になるであろう。心臓（jilú, cor）を食べる者は毎晩、枕の下に1000ドゥカット（ek míje, mille gálbeni）を得るであろう。足（pъnrъ, pedes）を食べる者は予言者（nazdrъvánu, propheta）になるであろう。」老人が死んだあと、商人が村にやって来て、未亡人と結婚した。二人が教会から戻る前に、メンドリを料理しておくように商人が料理人に命じた。ところが、子供たちが学校から帰って来て、長男はメンドリの頭を、次男は心臓を、三男は足を食べてしまった。それから三人とも、また学校へ行ってしまった。商人は、いまは妻となった彼女に言った。「彼らに苦いコーヒー（káva kъrtí, coffeam amaram）を飲ませて、吐き出させなさい。」子供たちが帰って来たので、母はコーヒーを彼らに与えたが、三男が言った。「飲んじゃいけない、死ぬぞ。新しい父はぼくたちを殺すつもりだ。」三人は広い世界に旅立った。ある国（cъnúto, regnum, Land, rum.cinut）に来たとき、皇帝（ъ-mparátu, imperator, rum. împărat 'König'）が死んで、王冠が教会に置かれていた。その王冠が舞い降りた人が皇帝になることになっていた。あらゆる階級の人が教会に集まっていた。三人の兄弟もそこにいた。王冠は長兄の頭に舞い降り、長兄が皇帝になった。次兄は別の国に去ったが、末弟は長兄の地に留まった。次兄が別の王国の娘と結婚し、その地の皇帝になったが、妻が裏切っ

たために、窮地に陥った。しかし、末弟がこれを救った。

　上記の要約で省略したが、妻には愛人（piramnó, amator）がいたのだ。妻の裏切りにより、皇帝の座を追われた次兄は、森の中で空腹になったので、森のリンゴを食べると、ロバ（magári, asinus）になってしまった。次に畑のリンゴを食べると、もとの人間に戻った。散歩に来た妻は平民の姿に戻った夫に気づかず、リンゴは売り物か、と問うので、夫は、さようです、と答えた。妻はリンゴを食べたので、ロバ（magaríca マガリーツァ, asina）になってしまった。後悔した妻に畑のリンゴを与えると、妻は人間に回復し、夫は皇帝の座に返り咲いた。

　「人間→ロバ→人間」のモチーフはグリム童話「キャベツのロバ Der Krautesel」（KHM 122）にもある。下宮『グリム小辞典』（文芸社、2018, p.70-71）

## 第7話「ライバル、豚飼いが王女と結婚した話」
(Die Nebenbuhler)

　王に娘がいた。王女は額（ひたい）に太陽、胸に月、背中に星のしるしがあった。「言い当てた者に娘を与えよう。」王女に恋している王子がいて、彼は彼女のしるしを知っていた。老婦人が豚をもっていて、豚には12匹の金の子豚がいた。召使が豚を飼育していた。森で豚たちに草を食べさせていると、王女が散歩していて、豚が金であるのを見た。「ねえ、子豚を1匹売ってくれない？」「下着をひざ（genu）まで持ち上げたら、子豚を1匹あげるよ。」王女はあたりを見回したが、誰もいないので、下着をひざまで持ち上げた。(cf. Andersen, Svinedrengen 豚飼い少年；The Swineherd, Le garçon porcher, 1842)。金の豚を持ち帰ると、王は喜んだ。王女は、また、翌日、豚飼いに金の子豚を売ってくれないか、と尋ねた。豚飼いは下着をおび（cingulum, girdle）まで持ち上げたら、子豚を1匹あげるよ、と答えた。王女はあたりを見回したが、誰もいないので、下着をおびまで持ち上げた。金の子豚を持ち帰ると、王はとても喜んだ。翌日、王女は、また同じことを繰り返した。上着を脱いで、背中を見せてくれたら、金の子豚を1匹あげるよ。王女は、まわりに誰もいないのを確かめると、上着を脱いだ。これで豚飼いは王女の額の太陽、胸の月、背中の星を見ることができた。国王は、国中に、「王女のしるしを言い当てた者には娘を与える」と公布した。王女に恋している王子と、豚飼いがテストを受けると、二人とも正しく言い当てた。そこで、王は大臣を呼んで、相談した。三人がベッドに寝て、彼女を抱いた者が得る、ということになった。豚飼いはパン（panes, kolačej コラチェイ）と甘

いリンゴ（poma dulcia, phabá guglí）を買った。王子が王女と抱き合って、豚飼いはそのかたわらで寝た。王女はおなかがすいた。豚飼いはお菓子を食べていた。彼女は彼に尋ねた。「何を食べているの？」「自分のくちびるを食べているんだよ。」「ちょうだい。」豚飼いはお菓子を与えた。「おいしい！」王子は「ぼくのほうがおいしいよ（dulcior）」と言って、自分の鼻をナイフで切り取って彼女に渡した。しかし彼女はそれを地面に捨てた。豚飼いは、今度はパンを食べた。「今度は何を食べているの？」「ぼくの耳を食べているんだよ。」「ちょうだい。」王女がそれを食べると、「おいしい」。王子が「ぼくのほうがおいしいよ」と言って、ナイフで自分の耳を切り取って、彼女に渡した。彼女はそれを地面に捨てた。王子は翌朝には死んでいた。王女は血まみれだった。王女は死者を地面に引きずり下ろし、豚飼いを腕に抱いた。王妃がやってきて、二人が抱き合っているのを見た。こうして、王女は豚飼いと結婚することになった。

## 第8話「翼をもった英雄」(Der geflügelte Held)

　名工(偉大な芸術家artifex magnus, méstero bharó)がいた。彼は金持ちだった。だが、飲んだり、バクチを打ったりして、全財産を使い果たし、貧乏になった。彼は翼を作る夢を見た。それを身体につけて第9の世界(nona terra, ъné phué)に飛んで行った。そして王の城に着き、そのわきに降りた。すると王子に出会った。「お前はどこの者か。」「遠くから来ました。」「その翼を売ってくれぬか。」「1000金(aureos, gálbeń)でお売りしましょう。翼をつけてお帰りなさい。1か月後にお出でください。」王子は翼をつけて家に帰り、1か月後に約束の場所に来た。王子は名工に言った。「翼をつけてくれないか。」名工は翼をつけて、飛ぶにはどんなカタツムリをつければよいか、降りるときに必要なカタツムリを教えてやった。王子は少し飛んで、地面に降りた。(試験が成功したので)王子は名工に1000金を与えた。そして乗って行くために馬も与えた。王子は翼をつけてお昼まで飛んだ。お昼に風が吹いて、王子を真夜中まで、第9の世界まで飛ばした。町に灯(ignis, jag)がともり始めた。王子は地面に降りて、翼をたたんだ。

　とある家に入ると、老女がいたので、尋ねた。「あの三階建てのお城には誰が住んでいるのか、そして四階のガラス張りの部屋には誰が住んでいるのか。」「四階に住んでいるのは王女です。しかし彼女は外に出してもらえません。食事はロープで運ぶのです。」王子は翼をつけて四階に飛んで行った。すると、そこに、王女が死んだ状態で寝ていた。王子は彼女を起こしたが、彼女はしゃべらなかった。彼女の頭からローソクを取ると、彼女は生き返った。「あなたがここに、

私のところに来たのですから、あなたは私のもの、私はあなたのものです。」二人は夜が明けるまで愛し合った。彼女に蠟（cereus, mumelí）を頭につけると、彼女は死んだ。彼は彼女のところに半年（dimidiuum anni）かよった。彼女は妊娠した。彼女の部屋に侵入した者はだれか。男の靴の寸法が測られた（小麦粉をこねたものを歩道に敷いて）。「この靴の大きさの者を捕らえよ。」王女の部屋に飛んできて忍び込んだ王子は逮捕された。「お前は王女の部屋に忍び込んだな。なぜだ。」「彼女と結婚したいのです。」王はそれを許さなかったので、王子は彼女を翼に乗せて山に飛び去った。王女はそこで子供を生んだ。王子の両親と王女は教会に行った。神さまは王子にお前の宝物を半分よこせ、と言って、生まれたばかりの赤ん坊を二つに切って、半分を取ってしまった。しかし、その赤ん坊の半分は元通りになった。神さまは王子の罪を試みたのであった。

## 第9話「征服された女巨人」(Die überwundene Amazone)

　ある貧しい男に四人の息子がいた。四人はある主人に仕え、1年後に馬を1頭ずつ貰うことになった。末っ子はトロプセン (Tropsən) という名だった。トロプセンは馬係りを命じられた。雌馬が子馬を生んだ。子馬が言った。「トロプセンよ、私を取りなさい。私を母のところへ連れて行ってください。お母さんのお乳が飲みたいのです。」子馬は立派に育った。「さあ、お乗りなさい。お兄さんたちに追いつきましょう。」四人が進んで行くと、夜になった。野原に灯が輝いていて、そこに一人の老女がいた。彼女は魔法使い (maga) だった。彼女には四人の娘がいた。トロプセンは老女に話しかけた。「泊めてくださいませんか。」「いいですよ。」少年たちは頭を敷居に向けて寝た。少女たちは頭を地面に向けて寝ていた。老女は少年たちを殺そうと思って、剣を研いでいた。トロプセンは帽子を兄弟から取り、娘たちにかぶせた。老女は起き上がると、娘たちの頭を（間違って）切り落としてしまった。トロプセンは金の鳥の羽根を1枚取ってバッグに入れた。四人の兄弟はそれぞれの馬に乗って、ある町にやって来た。彼らは、ある独身の (caelebs, tъrnahár) 主人に雇われた。一人は馬を、一人は牛を、一人は豚を、トロプセンは御者を務めることになった。兄弟の一人が、トロプセンが金の羽根を持っていることを主人に密告した。トロプセンは「鳥を捕まえてこい」と主人に言われたので、子馬に相談すると、「頭を一回転させると、ハエになるから、そうしたら老女の胸の中に入って殺しなさい。」トロプセンは小鳥を捕まえて、主人のところへ帰って来た。そのころ、ドナウ河畔に独身の婦人がいた。主人はトロプセンに言った。「その婦人を連れ

て来い。でなければ殺すぞ。」トロプセンが子馬に相談すると、知恵を授けてくれた。「12枚の毛皮、ピッチの入った壺といろいろの飲み物（potulenta）を用意しなさい。」婦人を酔わせて主人のところに連れて来たが、彼女はまだ飼いならされていなかった（indomita）。主人は彼女と寝たが、成功しなかった。トロプセンが煮えたぎったミルクの中に飛び込み、それから釜（ahenum）の中に飛び込むと、前よりいっそう美しくなった。主人が（まねをして）釜の中に飛び込むと、焼けてしまって、骨が少し残っただけになった。婦人が煮えたぎったミルクの中に飛び込み、釜の中に飛び込むと、常人に戻り、トロプセンと結婚することを望んだ。

## 第10話「美男のペトリ」(Fecfrumos, Petrus facie formosus)

　ある未亡人に美男のペトリという息子がいた。息子は指輪を壁に吊るして、母親に言った。「お母さん、この指輪から血が出たら、ぼくは死んだと思ってください。」息子は旅に出て、6個の頭をもった龍に出会い、剣を抜いて、これを殺し、6個の塊を作り、これに黒い印をつけた。これらとは別の、12匹の龍が王女を奪って、城の中に閉じ込めていた。彼女の母（王妃）は娘に言った。「お前の死の原因は英雄ではなく、不具の人間（ab homine manco）であろう。」彼は王女が閉じ込められているお城に来て、窓辺の娘を（filiam ad fenestram）見た。「どうなさったのです？」「龍にさらわれて、ここに閉じ込められたのです。」ペトリは龍たちを殺した。王は娘に言った。「お前を龍から救ってくれた者と結婚させる。」チュティラ（Čutílla）という手のない男が王に言った。「王女を龍から救ったのは私です。」ペトリはチュティラに挑戦したが、殺されてしまった。

　息子の指輪から血が流れ出ているのを見て、母親は救助に向かった。2匹の蛇が息子の血をなめていた。母親が一方の蛇を殺し、他の蛇が殺された蛇の上に1枚の葉（folium）をかぶせると、蛇は生き返った。［グリムの「3枚の蛇の葉Die Schlangen-blätter」KHM 16でも同じことが起こる］「ああ、なんてぐっすり寝てしまったんだろう。」母が言った。「私が助けに来なかったら、お前は永遠に眠ってしまっただろうよ。」ペトリはチュティラを殺し、王女と結婚した。

## 第11話「罰せられた母親」（Die bestrafte Mutter）

　ある王子が狩猟に出かけた。仲間から外れて、一人で森の中を歩いていると、一人の少女に出会った。彼女は泣いていたので、城に連れて帰った。王妃は彼女を12年間育て、宮殿の食事係にしていた。3年が経った。王子は彼女を愛していた。王子は母に言った。「ぼく結婚します。」「誰と？」「食事係の娘です。反対されれば、ぼくは死にます。」母は反対だったが、許した。まもなく、王子は戦争に行かねばならなくなった。彼女は妊娠していた。母は二人の大臣を呼んで言った。「あの娘を森に連れて行って、殺しておしまい。証拠に彼女の心臓と小指を切り取って、持って帰りなさい。」森へ連れて行くと、彼女は言った。「お願い、殺さないで。私の小指は切り取っていいわ。心臓の代わりに子犬を持って行ってちょうだい。それから、小屋を作って、火を起こしてください。」まもなく、彼女は男の子を生んだ。聖ペテロが現れて、洗礼を施し、猟師になれるように剣を与え、Silvesterと名づけた。火はいつまでも消えなかった。パンは食べても食べても減らなかった。Silvesterは母に食事を運び、二人で食べた。王子が森の中を散歩していると、龍の城に来た。お昼に龍たちが帰って来た。11頭いた。息子は全部を殺した。そして、それらを城の地下室に入れた。「お母さん、一緒に来てください。ここに12の鍵があります。どの部屋に入ってもよいですが、この部屋だけは入らないでください。」翌日、息子は森に狩猟に行った。なぜ息子は、この部屋に入ってはいけない、と言ったんだろう。母は、その禁じられた部屋に入った。そこには龍がいて、母に尋ねた。「もしあなたが処女ならば、私の妹になってください。もし人妻

ならば、私の妻になってください。」「私は人妻です。」二人は飲食し、愛し合った。「息子が帰って来ました。隠れてください。」翌日、息子はまた狩猟に出かけた。二人はまた飲食した。龍が言った。「どうやってあなたの息子を殺したらよいだろうか。二人で一緒に暮らそう。病気のふりをしなさい。夢を見たと言いなさい。熊のミルクが飲みたい、と。熊が殺してくれるでしょう。」息子が森から帰って来た。「お母さん、どうしたんですか。」「死にそうです。夢を見たのです。熊のミルクが飲みたい。」翌日、息子は森へ行き、雌熊を見つけた。熊が言った。「殺さないでください。」「ではミルクをください。」「瓶を持っていますか。」「持っています。」「では私のお乳を搾りなさい。」息子は熊のお乳を持って帰った。翌日、息子が森へ来ると、ルナLunaに出会った。「あなたはどなたですか。」「あなたは？」「私はシルベスター Silvesterです。」「それでは、あなたは神の子です。」「では私の姉になってください。」家に帰ると、母が言った。「病気なのです。野豚のお乳が飲みたいのです。」翌日、息子は森へ出かけて、野豚を見つけたので、殺そうとした。「殺さないでください。」「お乳がほしいのです。」熊にも野豚にも殺されなかったので、龍は言った。「血の山に行かせよう。あそこでは牡羊と牡羊が頭をぶつけあっている。そこから命の水（aqua viva, leben machendes wasser）と治療の水（aqua sanans）を持って来させよう。」翌日、息子は森へ行って、ルナに相談した。「私の馬に乗って行きなさい。牡羊たちは昼まで戦っています。それから2時間休むのです。12時になったら、二つの泉からaqua vivaとaqua sanansを汲んで、瓶に入れなさい。」それを持ち帰ると、ルナは言った。「あなたは疲れてい

る。横になって眠りなさい。」ルナは水を隠して、別のを入れた。息子はルナの馬に乗り、家に帰った。龍は、さらに、息子を殺す手段を考えた。「絹の糸で彼の指を背中に括り付けなさい。それが切れれば、英雄だ。そして強くなれる。」息子が引っ張ると顔が赤くなった。二度目に引くと、顔が青くなった。三度目に引くと、顔が黒くなった。母は龍を呼んだ。「龍さん、来て、彼の首を切っておくれ。」龍が来て、彼女の息子に言った。「やあ、何をしてあげよう？」「ぼくを全部切って、袋に入れて、馬に乗せてください。生きて出発したところへ、死んで帰してください。」馬はまっすぐにルナのところへ行った。ルナはSilvesterを見ると、TetrasとParasceuaを呼んだ。二人がSilvesterの細切れ死体を大きなたらいの中に入れて洗い、テーブルの上に載せて、生命の水と治療の水を振りかけると、Silvesterは生き返った。「ああ、ぐっすり寝た。」「私が来なかったら、あなたは永遠に死んでいたでしょうよ。」

「私は母のところに帰ります。」「やめなさい。でも、もし帰りたいなら私の剣を持って行きなさい。」息子が帰ると、母は龍と踊っていた。「やあ、今度は何をしてさしあげましょうか？」「私を切り刻んで、袋に入れて、馬の背中に乗せてください。」龍は馬の両目をくり抜いた。馬は頭を木にぶつけながら進んだ。肉の破片がたえず袋の中から落ちた。カラスが肉を食べ続けた。Silvesterはウサギを槍で殺し、それを火にあぶった。息子は母に言った。「お母さん、ぼくをまっすぐに見てください。」息子は母の目を突っついた。すると、彼女の両目が飛び出た。息子は母を手でつかんで、樽（たる）のところに連れて行った。息子は言った。「お母さん、

この樽が涙で満ちたら、神さまは許してくださるでしょう。そして両目が戻ってくるでしょう。」息子は母をそこにつなぎとめた。息子は3年後に戻って来た。「母がどうしているか、見に行こう。」樽は（涙で）満ちていた。そしてわらの束を食べていた。「さあ、神さまが許してくれるでしょう。私もあなたを許します。神さまとともに去りなさい。」

　［龍に対する罰は？　それと、王妃（女中係をしていた娘の義母）に対する罰は？］

## 第12話「金持ちの兄と貧乏な弟」
(Der reiche und der arme Bruder)

　金持ちの兄と貧乏な弟がいた。兄はパンを食べていた。弟が少し分けてください、と頼んだ。「だが、目を一つ貰うぞ」と言って、ひとかけらを与えた。「もう少しください。」「目をもうひとつ貰うぞ。」弟はめくらになってしまった。兄は弟を絞首台（patibulum）の下に連れて行って、そこに置き去りにした。夜、悪魔どもが集まって、今日の仕事の報告をした。悪魔の長兄が言った。「今日、おれは水道を止めたぞ。」次の悪魔が言った。「おれは王女を死ぬでもない、生きるでもないほど苦しめたぞ。」三番目の悪魔が言った。「おれは兄に弟の目をくり抜かせたぞ。」悪魔たちは、それぞれ、川の水で目を洗えば、もとどおりになるのに、山の岩を取り除けば、水は流れるのに、などと話し合った。翌日、めくらになった弟は、手探りで川にたどり着き、そこで目を洗うと、もとどおりになった。次に、町へ行き、水が出るようにしたら、何をくれますか、と尋ねた。「望みのものは何でも与えよう。」「では鉄のてこ（vectes ferreos）を持って、一緒に山へ来てください。」岩を動かすと、水が流れ始めた。「馬を2頭と、馬車に積めるだけのお金をください。」次に王女のところへ行って、尋ねた。「もとどおりに元気になれたら、何をくださいますか。」「望むものをさしあげましょう。」彼はベッドの下から蛙を取り除き、それを湯船に入れて洗った。そして王女も洗った。すると王女は前よりも元気になり、より美しくなった。弟は馬を2頭と馬車一杯のお金を貰った。弟は兄のところへ行き、いかにしてこの大金を手に入れたかを語った。すると兄は「おれもめくらにして、あの絞首台に

連れて行ってくれ」と言った。弟は兄にパンの破片を与え、その代わりに両目をくりぬいた。そして絞首台のところに連れて行った。夜、悪魔どもが集まって、今日の成果を報告した。「また絞首台のところにめくらがいて、われわれの話を聞いているぞ。」彼らはめくらの兄を捕まえて、八つ裂きにして、立ち去った。兄は死んでしまった。

## 第13話「呪われた町」(Die verwünschte Stadt)

　貧しい青年がいた。7年間、働いたが、何も得られなかった。旅に出て、ある町に来た。夜になったので、壁の下に横たわり、眠った。目を覚ますと、壁に大きな穴があり、そこから中を覗くと、向こうに、お城があった。そこは大きな町で、王が死に、王妃も亡くなっていた。そして王女が軍隊の指揮を執っていた。その町は教会から破門されていて (excommunicata)、人間はすべて石になっていた。お城に入ると、ネコがやってきて、テーブルの上に食事を置いた。そして彼に言った。「今晩、ある主人が来て、あなたにトランプをしよう、と言いますから、それに従って、トランプをしてください (lude chartis)。彼はあなたに唾を吐きますが、我慢してください (tu perfer)。時計を見て、午後10時になったら、彼の耳に一撃を与えなさい (da illi alapam)。」すると悪魔どもが草のようにやって来て、彼を散々に殴ったが、真夜中の12時になると、オンドリが鳴いて、彼らは逃げ去った。青年は朝まで寝た。その日も同じことが起こった。ネコが食事を持って来た。夕食を持って来たとき、ネコは言った。「またあなたのところに来て、トランプをしようと言いますから、10時までにしてください。そして、耳に一撃を与えてください」と。すると悪魔が大勢、草のように来て、あなたを12時まで殴り続けます、と言った。彼はその命令に従い、悪魔どもが立ち去ると、ベッドで眠った。朝になると、町で、人々の話し声が聞こえた。ネコは彼に食事と王の衣装を持参した。食事を済ませ、衣装を着ると、12の小部屋へ行った。そこには王女がベッドにいた。彼女はまだ半分しか生きていなかった。彼女は言った。「あなたは私の王です。そして私

はあなたの王妃です。しかし、これ以上、私のところに来ないでください。」夜に、またネコが食事を運んで来て、昨晩と同じことを言った。そして同じことが起こった。朝、軍歌が始まった。新しい王が到着したからである。大臣たちが来て、彼の手をとって言った。「新しい王がおいでになりました。」彼は王妃のところに進み出て言った。「ここにいてください。私はすぐ参ります。」彼女は頭を天井に向けた。すると口から蒸気が出た。彼が戸を開けると、彼女は手で合図をした。そして再びベッドに倒れた。彼女は帯のところまで石になった。彼女は彼を呼んだ。「私から去ってください。私の罪を償うために来てくださったのではないのでしょう？父の馬と剣を取ってください。そして欲しいだけお金を革袋に入れてください。」彼は出発して、別の国に行った。そこでは二人の王が戦っていた。一人は娘を相手の王子に与えることを望まなかった。王子と王女は愛し合っていたのに。王子が町にやってくると、宿屋でアルメニア人に出会った。そこには大きな飢饉があり、兵士たちは死につつあった。彼はアルメニア人に尋ねた。「何かニュースがありますか。」「悲惨です。大きな戦いが7年間も続いていて、それも一人の娘のために戦っているのです。兵士たちは飢えのために死につつあります。」彼は言った。「兵士たちを呼んできてください。」彼は兵士たちにパンとウィスキーを与えた。アルメニア人が右手を振ると、軍隊の半分が倒れ、左手を振ると、残りの半分が倒れた。（途中の面倒なプロセスは省略する）こうしてアルメニア人は王女と結婚し、その国の王となった。

## 第14話「嫉妬深い夫」（Der Eifersüchtige）

　裕福な大商人がいた。美しい妻がいたが、彼は彼女に外出を許さなかった。彼は別の商人と一緒にドナウ川に商売に出かけた。川に着いて、川岸に船をつなぎ、夜を過ごした。二人がお祈りを捧げたあと、一人が尋ねた。「君の妻は家で君を愛しているのか？」「ぼくの妻はぼくを愛していない。もしぼくが君の妻を好きになったら、ぼくに何をくれるか。」「もし君がぼくの妻を好きになったら、ぼくの土地（fundus）と船（navis）と商品（merces）をあげるよ。」「ぼくが君の奥さんを好きになったということをどうやって証明できるんだ？」「彼女の身体のほくろ（naevus）が分かったら、それから彼女の金の指輪を彼女から取り上げることができたらね。しかし、彼女に言ったら（quando mentionem facies ei）ぼくの妻は君を殴るかもしれないよ。彼女が外出しないように女中に頼んでおいたからね。」「ぼくは好きになるだろうよ。」「行きたまえ。ぼくが君の船を引いてあげよう。」友人は彼の家に行った。どうしたらいいだろう。彼は彼女に近づくことができない。ある老婆のところへ行って、尋ねた。「おばあさん、ある婦人の指輪を取り上げる秘訣はありますか。」「教えたら何をくれますか。」「100 フロリン差し上げましょう。」「彼女の部屋の中に箱を運び入れなさい。その中にあなたが入りなさい。私の衣装が盗まれそうなので、今晩一晩預かってください、と私が婦人に言います。夜、彼女が寝るときに、箱の穴からそっと覗きなさい。あとはあなたの腕次第です。」箱が到着すると、女中がその箱を婦人（女主人 domina）の部屋に運び入れた。夜、女主人が寝るときに、指輪をテーブルの上に置いた。そして、そのあとで右の乳房の

下のほくろを見た。彼女が寝てしまうと、彼は箱から這い出して、テーブルの上の指輪を盗んだ。こうして商人の友人は、まんまと指輪を盗み、彼女のほくろを知ることができた。そうして、彼は商人の財産を手に入れることができた。丸裸になった商人はドナウ川で渡し守をして暮らした。そのうちにユダヤ人と知り合いになった。皇帝が盲目になり、それを治してくれた者には王国を与えるということを知った。渡し守はユダヤ人から盲目を治す方法を教えてもらい、皇帝の盲目を治し、王国を得ることができた。いまや皇帝（imperator）となった渡し守（もと商人）は、別れた妻と再婚し、妻は皇后（imperatrix）となった。

## 第15話「悪魔と契約を結んだ男」
(Der dem Teufel Verschriebene)

　ある裕福な男が森へ行ったとき、車もろとも池に落ちてしまった。ちょうど妻が息子を生んだところだったが、彼はそれを知らなかった。悪魔が現れて言った。「もし助け出したら何をくれるかね？」「何でもお望みのものを差し上げましょう。」「お前の家にあるものをくれ。」「はて、家には馬と牛しかないが。」「お前がまだ見たことがないものをくれ。」「よろしい。」「では契約を結ぶぞ。」悪魔は彼を泥沼から引き上げた。彼は家に帰ったが、契約のことは忘れてしまった。息子が20歳になった。息子は言った。「お母さん、パンを作ってください。これから父が結んだ契約のために出かけます。」息子は山々を越えて、悪魔の家に来た。そこには老婆と悪魔の娘がいた。娘が彼に尋ねた。「少年よ、どこから来たのか。」「私は悪魔に奉仕するために来ました。」娘は少年を見て気に入ったので、彼に言った。「私の父は悪魔です。父はあなたを馬にするでしょう。そしてあなたに乗って世界を旅するでしょう。鉄の棍棒と鉄の串を作りなさい。そして棍棒で殴りなさい。なぜなら彼は（馬から）降りないでしょう。そして彼に乗って、進みながら絶えず彼の頭を叩きなさい。」世界を旅して、家に帰り着いたとき、悪魔を厩に入れた。少年は娘のところに行った。「私の父はあなたを放り出しませんでしたか。」「いいえ、私は絶えず彼の頭を殴り続けましたから。」悪魔は彼を呼んで、ひなげしの樽を取った。そしてそれを草の中にばらまいた。そして、言った。「ひなげしを全部集めて樽の中に入れよ。それが出来なければ、お前の首を切るぞ。」少年は娘のところに行って、窮状を訴え

た。娘は言った。「心配はいりませんよ。」娘が笛を吹くと、ネズミどもが集まって、ひなげしを集め、樽は一杯になった。悪魔が言った。「よろしい、課題を与えるぞ。池を干しあげて、そこに種を植えて、明日、乾いた麦を私に差し出せ。もし出来なければ、お前の首を切るぞ。」少年は娘のところへ行って窮状を訴えた。「心配はいりませんよ。」娘は火の鞭を取り、最初の一撃を与えると、池は干上がり、第二の一撃を与えると地面が耕され、第三の一撃で種が蒔かれ、第四の一撃で乾いた麦が出来上がり、課題を果たすことができた。娘は少年に言った。「私たちは三人姉妹ですが、父は三人を同じ姿にするでしょう。そして、あなたに、どれが年長で、どれが次で、どれが末子か見分けよ、と言うでしょう。私は一番上にいるでしょう。私の足に注目してください。私は絶えず足を踏んでいますから。次の姉妹は真ん中にいるでしょう。一番上の姉はあなたの正面にいるでしょう。ですから私が言ったことにしたがってください。」この正解が出たとき、悪魔は少年にさらに課題を出した。「森を全部切り倒して、明日までに木を積み重ねよ。」少年は娘のところに行って、窮状を訴えた。娘は尋ねた。「あなたはお父さんとお母さんがいますか。」少年が答えた。「はい、両親がいます。」「では逃げましょう。父はあなたを殺すつもりです。あなたは砥石と櫛を取りなさい。私は布を取りましょう。」二人は出発した。悪魔が朝、起きてみると、森は切り倒されていなかった。「奴を呼べ。」「少年も少女もいませんよ。」「追いかけろ！」追っ手が来るのを見ると、娘が言った。「私は小麦畑になりましょう。あなたは小麦を見る人になってください。男女を見なかったかと尋ねられたら、小麦を刈っているときに通り

過ぎましたよ、と答えてください。」追っ手たちは悪魔のところに戻り、報告した。悪魔は言った。「何か見なかったか。」「小麦畑と百姓を見ました。」「急いで追いかけろ。畑は娘で、百姓は少年だったのだ。」追っ手がまた近づいたので、彼女は言った。「私は教会になりましょう。あなたは老いた牧師になってください。」追っ手が牧師に尋ねた。「男女を見ませんでしたか。」「お祈りを始めたとき、通り過ぎましたよ。」追っ手たちは悪魔のところに戻り、報告した。「教会は娘で、牧師は少年だったのだ。」今度は悪魔自身が追いかけた。「父が来ました。もう逃げられません。櫛を投げてください。」すると地面から天に届くほどの森が出来た。悪魔が森を嚙み切る間、二人は逃げたが、追いつきそうになったとき、彼女は「砥石を投げて」と言った。すると天まで届く岩山（saxum lapideum）が出来た。悪魔が岩山に穴をあけている間、逃げられるだけ逃げたが、彼女が言った。「父に追いつかれるわ。」彼女が布を投げると、大きな川と碾き臼が出来た。二人は岸辺に留まった。悪魔が言った。「売春婦め、どうやって川を渡ったのだ。」「碾き臼を首につけて川の中に飛び込みなさい。」悪魔は言われたとおりにした。すると窒息してしまった。彼女は言った。「もう心配はいらないわ。父は窒息してしまったわ。」少年は娘と一緒に父のところへ帰った。少年の父は喜んだ。しかし娘は言った。「私は父を殺した罪を償わねばなりません。3年間、待ちましょう。」娘は指輪を二つに割って、半分を彼に渡した。「大事に持っていてください。」彼女は3年間、償いの旅に出た。彼は彼女を忘れてしまった。新たに結婚の準備をして、式を挙げようとしていた。そこに彼女が来た。だが、彼は彼女を思い出

せなかった。「ウィスキーの盃（さかずき）を飲みなさい。」彼女はウィスキーを飲むとき、指輪の半分を盃の中に投げ入れた。彼はその指輪を見て、自分の指輪の半分を合わせると、ぴったり合った。そして、言った。「彼女は私を死から救ってくれた人です。私の最初からの妻です。」進行中の結婚式は無効になり、少年は彼女と結婚して、一緒に暮らした。

# II ジプシーの歌 (Lieder der Zigeuner)

## 1. 夫の愛 (Gattenliebe)

テオドールの息子 (Theodorides, Tudorël) テオドールは
なすべきことがなかった。
そして少年から
妻を奪った。
そして彼女は美しかったので
トルコ娘に多くの貢物が課せられた。
持ち物を売った。
貢物を売っても彼女は身を売らなかった。
テオドールは
700頭の羊を持っていた。
羊はやわらかな羊毛と
光る角を持っていた。
1頭が1000フロリンもの価値があった。
それらを与えたが、身を売らなかった。
テオドールは70頭の赤い雌馬を持っていた。
背中には黒い縞があった。
勇気と速さにおいて優れていた。
そしてそれらを与えた。
貢物をもっても彼女は身を売らなかった。
高台に (in fundamentis) 宮殿を持っていた。
そしてそれをも与えた。
それでも彼女は身を売らなかった。
テオドールは7つの碾き臼を持っていた。

金や銀を礑く臼だった。
それらを与えた。
それでも身を売らなかった。
私は高価な代償を払った、そして与えた。
しかし自分の妻は与えなかった。
そこまでは払おう、そして与えよう。
そして無一文で暮らそう（in Haut bleiben）。
しかし自分の妻だけは渡さないぞ。

## 2. 病気の英雄ドイチン （Der Kranke Held Dojčin）

気の毒なドンチラ
首は袋のようだ。
目はお皿のようだ。
皇帝は恐れる。
車のような帽子をかぶって。
世界中が恐れる。
しかし7年前からの病気だ。
ドンチラの妹は
機械で縫う。
縫っているのか解（ほど）いているのか。
だが涙を流しているのが見える。
ドンチラは病気だ。
「妹よ、なぜ泣いているのか。」
「私は決して泣かないでしょう。
皇帝から手紙が来ました。
あなたが病気になってから
町は貧しくなりました、と。
泥棒が大勢いるそうです。」
すると彼は言った。
「心配するな。
ぼくが全部やっつけてやる。
だから、妹よ、厩（うまや）へ行って
ぼくの馬を出してきておくれ。」
彼女は厩へ行き、
馬を出してきた。
そして鞍（くら）を置いた。

ドンチラは馬に乗った。
「妹よ、鞭（むち）をおくれ。」
彼女は鞭を彼に渡した。
そして彼を鞍に乗せた。
そして彼は出発した。
そして道をまっすぐ進んだ。
順番に、すべての宿屋を通って。
ドンチラはうめきながら進んだ。
馬はいつまでも勇敢だった。
そして皇帝への道を進んだ。
そして皇帝の門のところへ来た。
彼を見て皇帝は
「かわいそうなドンチラ！
きみが病気になってから
私の町は貧しくなりました。」
「皇帝よ、ご心配なさるな。
私が彼らをやっつけましょう。」
彼は盗賊どもの首領のところへ来た。
盗賊の首領はテーブルに座っていた。
そしてドンチラに言った。
「ドンチラよ、来て、食事をなさい。」
「私は食事をするために来たのではない。
戦うために来たのだ。」
盗賊の首領はそれを聞いて
剣を手に取った。
病気のドンチラは
鞭を振り下ろし、

彼の頭を打ち砕いた。
そして皇帝のところに行った。
そして帽子を脱いだ。
皇帝はそれを見て
喜んだ。
皇帝は食卓を用意し
彼にご馳走した。
ドンチラは家路に向かった。
任務を果たしたからだ。

「病気のドイチン（＝ドンチラ）」はブルガリア、セルビア、ルーマニアのジプシーの間に歌われている。ブルガリアの歌は238行の10音節詩で、叙事詩のような形式だ。黒いアラビア人が町の前にテントを張り、毎日、かまど二つのパン、牝牛1頭、ブランデー1樽、ワイン2樽、美しい乙女を要求した。ドイチンの妹アンゲリーナの番になったとき、病床の彼が相手を殺し、自分も死ぬ。

## 3. 捕虜たち〔Die Gefangenen〕

風がカミツレKamille（キク科）をなでる。
吹けば吹くほど花は緑になる。
若者たちは牢獄に座っている。
兵士たちは懇願する。
出してくれ、行かせてくれ、と。
彼らは少しも気にしない。
彼らは結ばれている。
一本のひも（restis, rope）で。
私の強い手でのように。
肘（ひじcubitum）を肘に結ぶ。
そして彼らを人々の間に導く。
「乾いたナシの木の中の緑の葉よ、
立ち上がれ、夫よ、われのそばに。
決して不品行に陥るな。
夫よ、ベッドから立ち上がれ。
決して罪に陥るな。
夫よ、起きて靴をはけ。
ここに窓への見張台がある。
不名誉も恐怖もない。
首都には見張りもない。」
「おお、わがいとしい人（dilecta；女性）よ、
門を見張ってくれ。
私が服を着ている間。
私が斧の柄に手を置くまで。
村への見張台を撃ち殺すために。
それから君と一緒にベッドで寝よう。

君の乳房の中で、
夜が明けるまで。」

　牢獄に座している盗賊たちが、祖国のために戦えるように出してくれ、と訴えているのである。

## 4. タタールとの戦い（Der Kampf mit den Tataren）

ウルラン Urlan とベジャン Bežan が行く。
ベジャンが後ろを振り向いた。
そして大声で叫んだ。
「やあ、兄弟ウルランよ、
後ろを見てみろ、
雨雲が見えるぞ。」
ウルランが後ろを見た。
「やあ、兄弟ベジャンよ、
あれは雨雲ではないぞ。
タタールの軍隊がやってくる。
馬の手綱を引け。
一っ跳びするぞ。
丘の上に向かうぞ。
あそこなら避けられる。」
二人は丘にやって来た。
ウルランが叫んだ。
「おお、兄弟ベジャンよ、
お前は一人でも生き延びれるか。
それとも、二人で生き延びるか。」
「一人でも生き延びれる。」
彼は馬に尋ねた。
「おい、わが馬よ、
お前は老年になっても元気か、
若いときのように。」
「おお、主人よ、若いとき、
私の肉体は泡のようでした。

骨は髄（ずい）のようでした。
だから、いま、老年になっても、
私の肉体は茂みで作った綱のようです。
そして骨は鋼（はがね）のようです。
若いとき、私は元気でした。
老年のいま、私は7倍も元気です。
しかし重い眠気（ねむけ）が私を襲います。
私は眠い。」
「心配せずに、眠っておくれ。」
馬はベジャンの首に頭を置いた。
そしてタタールの軍隊は
彼らを取り巻いた。
あたりは草と葉だけだった。
ベジャンは大声で叫んだ。
「おお兄弟ウルランよ、
あなたが私に与えた見張り人を
すべて殺してしまった。
たった一人、聡明な人を
私は殺すことができませんでした。」
ウルランは立ち上がった。
「おお、兄弟ベジャンよ、
私に矢を向けてくれ。
そして私を埋めてくれ（in the cave）。
私の目は蜘蛛の巣のようだ。
私の馬は震えている。」
ウルランは矢を取った。
そしてタタールを、矢をもって打ち殺した。

額の真正面を打ち抜いた。
そして自分の馬に乗った。
そして（二人は）道を進んだ。
彼らには何事も起こらなかった。
　（兄弟は二人とも無事だった）

## 5. 盗まれた馬たち（Die geraubten Pferde）

「お母さん、起きて、火を起こして。
ご覧ください。心配しないで。」
母は起きて、
大きな火を作った。
彼女は2頭の馬を見た。
「馬を走らせてください、お母さん。」
「私は走らせませんよ。
そうしても、私は死ぬでしょう。
しかしぼくは町へ行きますよ。
そして馬を売りましょう。
そして200フロリンを受け取りましょう。
そして、毛皮を買いましょう。
そして赤い服も、
そして赤い靴も。」
彼は町へ出発した。
そして馬たちを売った。
そして家に帰って来た。
母のもとに。
「お母さん、ただいま。」

状況の説明：泥棒が夜の間に2頭の馬を盗んでしまった。母は馬を走らせるままにするがよいと忠告する。息子は町で馬を売り、母親にお土産を買って来たいと思ったのである。

## 6. 貧しい男 (Der Arme)

貧しい男が困窮している。
彼は遊んでいるのだと人は言う。
貧しい男が主人のところに来た。
「ご主人、何か食べ物をください。」
「あげることはできないよ、貧乏人よ。
とにかく、横になって、お眠り。
頭を敷居に乗せて、
足を足台に乗せて。」
貧乏人は横にならなかった。
主人が起きて言った。
「十分に眠れたかい？
家畜を連れて出かける時間だよ。」
貧乏人は横にならなかった。
そして起きた。
そして目をこすった。
そして夜が明けたのを見た。
水がなかったので、身体を洗わなかった。
靴を持っていなかったので、履かなかった。
服を持っていなかったので、着なかった。
家畜を連れて、出かけた。
羊どもを追って、谷へ行った。
牛どもを追って、山へ行った。
白い雪が降った。
貧乏人は足をひきずった。
そして母親を呪った。
なぜおれを生んだのだ、

殺さなかったのか、と。

　この貧乏人は見捨てられた外国人で、浮浪人（Landstreicher, ロシア語burlak, ドRuderknecht, 曳舟人夫）である。

## 7. 解放 〔Die Befreiung〕

深い谷間に
目の前に現れたのか
それとも消えたのか。
モカン馬(山岳馬)の車が、
そして車の真ん中に
縛られた二人の主人を運んでいる。
彼らを運んでいるのは誰か。
アルマス・コンスタンチンと
ダマスカス人のコズマスだ。
どこから来たのだ。
塩山(囚人労働所)からだ。
老いた母親が
大声で叫んだ。
「ダマスカス人コズマスよ、
アルマス・コンスタンチンよ。
そこに、その先に、
やさしい泉のほとりに、
お前たちの兄が眠っていることを
思い出すがよい。
もし彼が起き上がったら、
お前たちを殴り倒すだろう。」
すると馬がいなないた。
「馬よ、なぜ、いななして
私を起こしたのだ。」
「あなたの兄弟たちが
連れて行かれます。」

彼は立ち上がった。
そして出発した。
そして大声で叫んだ。
「ダマスカス人コズマスよ、
おれの兄弟たちをよこせ。
おれを怒らせたら
お前らの命はないぞ。」
そして彼は剣を取り、
縄を断ち切り、
兄弟たちを解放した。

## 8.「盗賊が貧乏人たちを思い出す」

(Der Räuber denkt der Armen)

丘で、市の日に (nundinae):
ボイコに絞首台が作られる。
三本の森の木でできている。
ブラショフ (Brašov) の心で。
ボイコは裁判に連れ出される。
裁判官たちが彼に尋ねた。
「お金を渡せ、ボイコよ。」
「お金は渡しません。
私のそばにいる執行人よ、
お金はお渡ししますが、
お金持ちにはお渡ししません。
貧しい人たちに渡します。
私はお金を埋めました。
大きな山の下に、片隅に (lato)、
貧しい人たちが見つけてくれるように。
牡牛を買うことができるように、
牝牛を買うことができるように。
牡牛は畑を耕すでしょう。
牝牛からミルクが飲めるでしょう。
そして私を思い出すでしょう。
私に親切にしてくれるでしょう。」

ブラショフ (Brašov, Kronstadt, Coronensis) は Siebenbürgen の首都。

## 9. コサック兵と恋人〔Der Kozak〕

女主人が朝早く、
まだ少女だが、白い顔を洗っている。
涙を洗っている。
髪をとかしている。
夜明けにコサックは捕らえられた。
白い縄で縛られた。
そして広場へ連れて行かれた。
「少女よ、帰ってくれ。
私を悲しまないでくれ。」
娘：かわいそうな灰色の馬が、
少年を送ってくれる馬が、
灰色の馬と絹の手綱が。
少年よ、誰がお前の頭を洗ってくれるのか。
コサック：5月の雨が頭を洗ってくれるよ。
　黒いカラスが髪を梳いてくれるよ。
コサックがカラスに：黒いカラスよ、
　お前は空高く飛ぶ。軍隊にいる私の兄を見つけて、
　彼に尋ねてくれないか。
カラス：あなたの兄は軍隊にいる。
　そして、そこで休んでいる。
　黒いカラスたちが彼の髪を梳いている。
　くちばしで彼の肉をついばんでいる。
　そして骨を投げ捨てている。

コピーを得て、北海道の明日萌（あしもい、恵比島）行きにもこのテキストを同伴し、少しずつ訳して、たのしい作業でした。（2011.3.21.）

# Ⅲ　ジプシー語解説

## 1. ジプシー語案内 (Gypsy language, an introduction)

　名称「流浪の民」として知られるジプシー (Gypsy) の総人口は700万人から800万人と推定され、その半分がヨーロッパに住み、さらにその三分の二が東ヨーロッパに集中している。かつてのユダヤ人、今日のクルド人と同様、いまだに祖国を持たぬ彼らは、起源的には、インド・アーリア系の民族である。

　紀元1000年ごろ、インド西北部から、よりよい土地を求めて移動を始め、アルメニア、トルコ、ギリシア、ルーマニア、ハンガリーに入り込んだ。

　ジプシーの名称は、英国人がエジプト起源 (Egyptian) と考えたためである。ドイツ語でツィゴイナー Zigeuner, フランス語でツィガーヌ tsigane, スペイン語でヒターノ gitano, ロシア語でツィガン cygan と呼ぶが、ジプシー自身はロム Rom, あるいはロマ Roma と呼ぶ。これは「人、人間」の意味で、ヒンディー語の dom に対応する。最近はジプシー語のことをロマニー語 Romany, Romani とも呼ぶ。ちなみにアイヌ語のアイヌも「人間」の意味である。

　ジプシー語は、系統的には、インド語で、サンスクリット語を古代インド語とすれば、ジプシー語やヒンディー語は近代インド語である。日本語にもなったペンパル (pen pal) の pal はジプシー語 phral (兄弟) に由来し、サンスクリット語 bhrātā ブフラーター、英語 brother と同系である。pal system という生協の食品宅配の車が町中で見受けられる。

Ian Hancockはロマニー語を「バルカン化した近代インド・アーリア語」(Balkanized neo-Indo-Aryan language) と定義している (Encyclopedia of the Languages of Europe, ed.G. Price, Oxford, 1998)。

## 2. ジプシーの三種族

1. カルデラシュ（Kalderasch）はバルカン半島、南欧諸国のジプシーを指す。ルーマニア語cāldāraš（カルダラシュ、鍋、釜の職人）から来ており、いかけ屋を職業としている者が多い。彼らは唯一の純粋なジプシーであると主張している。
2. ヒターノ（gitano）。スペイン、ポルトガル、北アフリカ、南フランスのジプシー。彼らの言語は非常にスペイン語化しているが、アラビア語も多く含む。語源は「エジプトの」で、彼らがエジプトから来たと考えたためである。
3. マヌシュ（Manusch）またはシンティー（Sintī）。ドイツ、オーストリア、フランス、イタリアのジプシーを指す。マヌシュはインド語（サンスクリット語）で「人間」の意味である。

　北西インドの故郷から、よりよい土地を求めて、移住を始めたジプシーは、まずビザンチン帝国（ギリシア）、バルカン諸国、次いで15世紀にドイツ、スイス、イタリア、フランス、スペインに、16世紀に英国にあらわれた。文学作品として、セルバンテスのLa gitanilla（ヒタニーリャ、ジプシーの少女、1612）、プーシキンのCygane（ツィガーニェ、流浪の民、1827, 中山省三郎訳、世界文学社、1948）、メリメのCarmen（カルメン、1845；carmenはスペイン語で歌の意味）などに描かれている。

　ジプシーは国家を持たぬため、標準語がなく、その方言は非常に多い。Miklosich（ミクロシチ）の12分冊（Wien, 1874）はヨーロッパ・ジプシーの方言と放浪（Wanderungen）を論じたものであるが、その第7分冊と第8分冊は「ジプシー語辞典」で、799語を13の方言、すなわち、ギリシア

語griechisch, ルーマニア語rumunisch, ハンガリー語ungrisch, ボヘミア語böhmisch, ドイツ語、ポーランド語、ロシア語、フィンランド語、スカンジナビア語、イタリア語、バスク語、英語、スペイン語、で比較している。

## 3. 起　源（origin）

　ジプシー語がインド起源であることは、基本的な単語を見れば分かる。数詞の1から5までをルーマニア、ギリシア、アルメニア、シリアのジプシー語を並べ、現代インド語であるヒンディー語を最後に掲げる。

| | ルーマニア | ギリシア | アルメニア | シリア | ヒンディー |
|---|---|---|---|---|---|
| 1. | ek | ek | yaku | yikä | ek |
| 2. | duj | dui | dui | dī | do |
| 3. | trin | trin | t'rin | tärān | tīn |
| 4. | štar | (i)star | č'tar | štar | cār |
| 5. | panž | panč | benč | pūnj | panč |

　6以後も 6 šov, 7 efta, 8 oxto, 9 inja, 10 deš, 20 biš（＜サンスクリット語viṁśati）など印欧語的であり、十進法である。

　サンスクリット語asti 'he is, she is, it is' のような基本語がジプシー語でthere is, es gibt, il y a の意味で残り、masi asti?（肉ありますか？ masiはロシア語myasoミャソ）とか、ヨーロッパでは否定語naとともにnástí（できない）の形でnástí nakaváv（私は呑み込めない）のように用いられる（Miklosich 第7巻, 11）。

　文明語彙（Kulturwort）の例として曜日名を掲げる。これはインド起源ではなく、彼らが通過した国から採り入れた。以下の語形はBoretzky-Iglaによる。

「日曜日」kurkóクルコ＜ギkiriakíキリアキ「主の（日）」ロマンス諸語dimancheディマンシュ, domingoドミンゴ, domenicaドメニカ, dumnicaドゥムニカ＜dies dominicaディエス・ドミニカ

「月曜日」lújaルヤ＜ルーマニア語luneルネ「月の（日）」

のほかにponedélnikoポネデールニコもある。これはセルビア語ponedelnikポネデールニクより。ロシア語ponedélnikと同じで「何もしないne-del日の次（po）の日（nik）の意味。この語はCalvetの辞書にはない。

「火曜日」márciマールキ＜ルーマニア語marțiマルチ＜ラMartis. ほかにutórnikウトールニクがあり、これはロシア語vtórnikフトールニクと同じで「第2日」の意味。

「水曜日」tetrádźiテトラージ＜ギtetártiテタルティ（第4の）＋dźi（ラdies）「第4日」。sredo（スレド）もあり、これはセルビア語sreda（ロシア語sredáスリェダー）より。

「木曜日」četvrkoチェトヴルコ＜セルビア語četvrakチェトヴラク「第4日」。ロシア語četvérgチェトヴィエルク。水曜日はギリシア式の第4日、木曜日はスラヴ式の第4日。cf.ポルトガル語はquarta-feiraクワルタ・フェイラ「第4日＝水曜日」、quinta-feiraキンタ・フェイラ「第5日＝木曜日」、sexta-feiraセスタ・フェイラ「第6日＝金曜日」。ジプシー語の木曜日は、ほかにpéftiペフティ（＜ギリシア語pémptiペンプティ「第5日」）とžojジョイ＜ルーマニア語joiジョイ, cf.ラdies Jovisディエス・ヨウィスがある。

「金曜日」paraštújパラシュトゥイ＜ギparaskevíパラスケヴィ（安息日のための）「準備」。

「土曜日」sávatoサヴァト＜ギsábbatoサッバト＜ヘブライ語で「安息日」。

## 4. 研 究 史

 ジプシー語研究の基礎はドイツのポット (August Friedrich Pott, 1802-1887) によって築かれた。2巻からなる Die Zigeuner in Europa und Asien (Halle, 1844-1845) の第1巻は名称の起源、研究の歴史、ジプシーの起源、ジプシー語の音論、形態論を扱い、第2巻は語彙 (アルファベットがサンスクリット語の順序になっているのが不便)、テキスト、そのドイツ語訳、からなる。

 第1巻の形態論は代名詞の遠近表現など印欧語以外の言語も視野に入れ、一般言語学的に興味深い考察がみられる。その後、ミクロシチ (Franz Miklosich, Wien, 1872-1880)、ヴリスロツキ (Heinrich von Wlislocki, Berlin, 1886) による言語・風俗習慣・民話の研究がある。近年も研究が盛んで、Boretzky (1994, 文法)、Boretzky-Igla (1994, 辞書) があり、Yaron Matras (1995) のような国際会議も開催されている。

## 5. 音 論

　ジプシー語は近代インド語の一つであるが、古風な音韻特徴がみられる。サンスクリット語 mṛta-（死んだ）がヒンディー語で mua になるのに対して、ジプシー語は mulo のように語中の r（＞l）を保持している。サ trīṇi「3」がヒンディー語で tin になるのに対して、trin と語頭の tr- が保たれている。母音は i, e, a, o, u のほかに ə（ルーマニア語 ă, î）、子音は b, d, g, dž, p, t, k, č, ph, th, kh, čh, s, z, š, ž, f, v, m, n, nj, r, ř, h, x がある。ř は zerebrales r ないし r grasseyé と説明され、bar（庭）と bař（バフ、「石」）が区別される。Kosovo と Serbia では g'＞dź となり、k'＞ć となる。Assimilation の例：ker（作る）＞kerdó（作られた）はサ kṛtá- より。e rakléngoro（男の子の）の -goro は形容詞を作る接尾辞。これが e rakléskoro（男の子たちの）となる。

## 6. 形態論

ロシア語と同様、有生物と無生物の対格が異なる。rakló（少年）の対格はraklés（少年を）だが、manřó（マンホ：パン）の対格は主格と同じ。単数の格語尾と複数の格語尾が同じであることは形態法の膠着性（こうちゃくせい）を示している（日本語：私の、私たちの、私に、私たちに）。以下の表はBoretzky-Iglaより。

    主格 rakl-o（少年）      複数 rakl-e

    対格 rakl-es               rakl-en

    与格 rakl-es-ke           rakl-en-ge

    奪格 rakl-es-tar          rakl-en-dar

    位格 rakl-es-te           rakl-en-de

    具格 rakl-es(s)a          rakl-en-ca

    属格 rakl-es-ko(ro)      rakl-en-go(ro)

    呼格 rakl-éja!              rakl-ále(n)!

この点、Pott（第1巻，p.152）は、この種の膠着性はハンガリー語や近代インド語であるベンガル語やパンジャブ語も同様であると言っている。代名詞me（私）とamen（私たち）についても同様である。

統辞法では不定法（infinitive）の消失をあげる。I want to eatのような表現はI want that I eatのように表現される。これはバルカン語法として知られ、現代ギリシア語に発し、アルバニア語、ブルガリア語、ルーマニア語に普及したとされる。次はPott（第1巻，p.329）がPuchmayerからの例としてあげているものである。

kamav te xav（volo ut edam）'I wish to eat'

kames te xas（vis ut edas）'you wish to eat'

kamel te xal（vult ut edam）'he wishes to eat'
kamas te xas（volumus ut edamus）'we wish to eat'
cf. サ kāma （愛）、te 'that, dass' < tad 'it, that, das' ; xav（edo）
< ai. khādati 'he eats'

## 7. 語　彙

　ジプシー語の語彙は約3000と考えられる。英国のジプシー語は1400語（Borrow, Romano-Lavo-lil）、Wolfは3862語、Demeterは5300語を掲載している。ジプシー固有語（ヨーロッパ侵入以前の語彙）は600語である（Boretzky-Igla）。

## 8. テキスト

　以下のテキストは、ジプシーが外国人をどのように見ているかについて語ったもので、Pott（第2巻, p.485-487）から採った。PottはこれをリトアニアのニーブゼンNiebudzen（Preussisch-Litauen）の牧師Zippelsenツイッペルセンの遺品から得たとしている（第1巻, p.xi）。綴り字がドイツ語式で読みにくいが、そのまま掲げる。

1. 性格。O Waldscho hi patuvakró ; o Ssasso tschatschopaskero ; o Italienaris hi hoino ; o Schpaniaris hi avry ssamaskro ; o Engellendaris kerla pes ssir baro kòva manusch.［オ・ヴァルジョ・ヒ・パトゥヴァクロ；オ・サッソ・チャチョパスケロ；オ・イタリエナーリス・ヒ・ホイノ；オ・シュパニアーリス・ヒ・アヴリ・サマスクロ；オ・エンゲレンダリス・ケルラ・ペス・シル・バロ・コヴァ・マヌシュ］「フランス人は礼儀正しい。ドイツ人は正直。イタリア人は行儀がよい。スペイン人は外面が嘲笑的。英国人は自分を偉い人間だと思っている。」

　［注］oは男性定冠詞。Waldscho「フランス人」古代英語のWealh（複数Wēalas）は外国人の意味で、ブリトン人、ウェールズ人をあらわす。古代ノルド語のValir（男性複数）は北フランスの住民、ウェールズ人、ケルト人、奴隷を指し、古代高地ドイツ語walahはロマンス語系の人を指す。Pott第1巻p.8に 'Welsch heisst bei Deutschen alles was fremd ist'（ドイツ人は異国的なものをすべてウェルシュと呼ぶ）とある。hi 'ist' は si（＜サ asti）が普通。Ssasso「サクソン人」はドイツの主要な民族（アングロ・サクソン cf. ラ saxum 小刀）。manúš 'Mensch, 人間'

2. 身体。O Waldscho hi zigno；o Ssasso hi baro；o Italienaris nan hi baro, nan hi tikno；o Schpaniaris tikno；o Engellendaris andry jakk.［オ・ヴァルジョ・ヒ・ジグノ；オ・サッソ・ヒ・バロ；オ・イタリエーナリス・ナン・ヒ・バロ、ナン・ヒ・ティクノ；オ・シュパニアーリス・ティクノ；オ・エンゲレンダーリス・アンドリ・ヤク］「フランス人は敏捷。ドイツ人は大きい。イタリア人は大きくも小さくもない。スペイン人は小さい。英国人は目につく、立派だ。」

［注］zigno, sigo 'hurtig, schnell' ＜サ śīghra-；nan, nane 'nicht'；andry jakk 'ins Auge'.

3. 衣装。O Waldscho annēla apry nevo tschomone；o Ssasso kerla Waldschos palal；o Italienaris shi tschindo；o Schpaniaris nan hi tschindo；o Engellendaris hi buino.［オ・ヴァルジョ・アンネーラ・アプリ・ネヴォ・チョモネ；オ・サッソ・ケルラ・ヴァルジョス・パラル；オ・イタリエーナリス・シ・チンド；オ・シュパニアーリス・ナン・ヒ・チンド；オ・エンゲレンダーリス・ヒ・ブイノ］「フランス人は新しいものをまとっている。ドイツ人はフランス人をまねる。イタリア人はケチ。スペイン人はケチではない。英国人は豪華。」

［注］Waldschosの-sは対格。palal 'von hinten, nach'（kerla palalで'nach-ahmen'「まねる、まねをする」。tschindo 'knauserig, geizig'（Liebich）「ケチ」（Pott第2巻 p.204 chindo 'blind'；buino（hoinoのミスプリントか）'prächtig' 豪華な。

4. 食事。O Waldscho kamēla latscho tachall；o Ssasso mekkēla but apry te dschall；o Italienaris na châla but；o Schpaniaris na dēla but love e chamaske avry；o Engellendaris châla te pjēla but apry. 以下、発音省略。「フランス人は美食。ドイツ人は食事に

大いに配慮する。イタリア人は多くは食べない。スペイン人は食事にあまりお金を使わない。英国人は大いに飲食する。」

〔注〕tachall = te xal 'zu essen, dass er isst'「食べるために」。mekkēla but apry te dschal 'lässt viel drauf gehen'「大いに配慮する」。te dschal, te džal 'zu gehen, dass er geht'; chamaske は xamásko 'essbar, Vielfrass'「食べられる、大食」の与格。

5. 気質。O Waldscho hi pèriaskero; o Ssasso hi rakerpaskero; o Italienaris shi kerepaskero kērla, sso wawer kamēla; o Schpaniaris kerla pester but; o Engellendaris na rikkerla jek dsi.「フランス人は冗談好き。ドイツ人は会話好き。イタリア人は世話好き——他人がしようとしていることをする。スペイン人はもったいぶる（自分から多くを作る）。英国人は気がかわる。」

〔注〕pèriapaskero < pherjapé「冗談」。rakerpaskero < rakerél「話す、しゃべる」。kerepaskero < kerél 'machen, make'; wawer, avér 'anderer'「他人の」< サ apara-; pester 'von sich'「自分について」。rikkerla 'hält fest, holds' < rikerél; jek dsi 'ein Herz', cf. サ jīva- 'Leben'.

6. 美。O Waldscho hi schukker; o Ssasso na dēla pâlall; o Italienaris nan hi schukker, nan hi dschungeló; o Schpaniaris hi kutti dschungeló; o Engellendaris vēla Engelen paschē.「フランス人は、美しい。ドイツ人はフランス人にひけをとらない。イタリア人は美しくも醜くもない。スペイン人は少し醜い。英国人は天使にちかい。」〔注〕schukker, šukár「schön 美しい」; dēla pâlall 'gibt nach' 譲歩する < dēl palál; les 'ihn' 彼を; leske 'ihm' 彼に。dschungeló, pala džungaló 'schlecht, abstossend' わるい、いやな。kutti, gutti (Liebich)'wenig'; vēla 'kommt' < avél < サ āpáyati.

7.　忠告。O Waldscho hi zigno；o Ssasso tropeskero te baredseskro；o Italienaris chôrdsescro；o Schpaniaris lēla pes andry jakk；o Engellendaris dschala perdal, na dēla pala tschitscheste tschi.「フランス人は早い。ドイツ人は毅然として鋭敏。イタリア人は意味が深い。スペイン人は用心深い。英国人は突き進み、何物に代えても逆戻りしない。」

［注］lēla 'nimmt' < lel < サ labhate；pes 'sich'；jakk, jakh 'Auge'；perdál 'durch'；dēla pala 'gibt zurück'；tschichcheste 'bei etwas'（loc.of čiči）；tschi, či 'nichts'

8.　学問。O Waldscho rakerla meschto, tschinēla fedidir；o Ssasso na dēla les tschi palall；o Italienaris sso tschinēla fedidir；o Schpaniaris tschinēla kutti, oder meschto；o Engellendaris tschinēla zikkero [-es?]「フランス人は話し上手だが、書くのはもっと上手。ドイツ人はフランス人にひけをとらない。イタリア人が書くものはみな立派である。スペイン人は少ししか書かないが、上手に書く。英国人は博識をもって書く。」

［注］rakerla 'redet, spricht'；meschto, mištó 'gut'；tschinēla 'schneidet, schreibt'（英語のwriteも「板にひっかく」から「書く」に意味変化した）< čhinél；les 'ihm'；tschi, či 'nichts'；ado, ada 'der'（Pott第1巻 p.269）；shalauter, hallauter 'alles'；hoines 'anständig, ehrenhaft, vornehm'；oder 'aber'（oderの語形確認できず、ドイツ語の混入か）；zikkerdo = sikadó 'gelehrt, Gelehrter'

9.　学識。O Waldscho dschinel [conj.] shaaster kutti；o Ssasso hajohla ssalauter meschto；o Italienaris hi zikkerdó；o Schpaniaris, sso jov schinnel, ssaasti annēla avry；o Engellendaris svietiskro zikkerpaskro.「フランス人はあらゆることについて少し

ずつ知っている。ドイツ人はあらゆることをよく理解する。イタリア人は博識だ。スペイン人は、知っていることに関しては、それを表現することができる。英国人は世界の識者［＝哲学者］である。」svietiskro zikkerpaskro（Weltweiser）に関しては、アイスランド語でも Philosophie を heimspeki（Weltweisheit 世界の知識）という。

10. 宗教。O Ssasso (devlekuno) devlister [abl.!] traschetùo; o Schpaniaris pazzēla butir, sso [sser?] tschatscho hi.「ドイツ人は神を恐れる、敬虔だ。スペイン人は事実よりも多くを信じる、迷信的だ。」［注］devlekuno 'göttlich' Pott 第2巻 p.311; devlister, abl.of devél 'Gott' < ai.devatā 'Gottheit'; traschetùno, trašutnó 'furchtsam' (c.abl.); so, ser = sar… よりも。tschatscho, čačó 'wahr' < ai. satya.

11-15は原文を省略し、日本語のみを掲げる。

11. 事業。フランス人は勇気がある。ドイツ人はタカのようだ。イタリア人はキツネのようだ。スペイン人は勇敢だ、戦いにおいて。英国人はライオンのようだ。

12. 奉仕。フランス人はお世辞を言う。ドイツ人は誠実だ。イタリア人は慇懃（いんぎん）だ、礼儀正しい。スペイン人は従順だ（？）。英国人は僕（しもべ）のように振る舞う。

13. 歌。フランス人は歌う。ドイツ人はのどをゴロゴロ鳴らす。イタリア人はシュッと音をたてる（歯の間でしゃべる）。スペイン人は伯爵のように堂々と述べる。英国人はほえる。

14. 結婚。フランス人は自由だ。ドイツ人は主人だ。イタリア人は刑務所長だ（妻を囚人のように扱う）。スペイン人は暴君だ（妻に対して厳格だ）。英国人は召使だ（妻につい

てか？)。

**15.** 女。フランスの女性は誇り高い。ドイツの女性は家庭的だ。イタリアの女性は囚人のようだ、怒っている。スペインの女性は奴隷だ（束縛されている）。英国の女性は女王だ、手に負えない。

## 9. ことわざ

　ジプシー語で「ことわざ」はphuro lavという（ボン大学のProf. Johann Knoblochによる）。phuro「古い」（サンスクリット語purāná-）、lav「ことば」で、全体で「古いことば、昔のことば」の意味である。下記の1-6はVentzel, 7はLiebich, 8-10はPott, 11-12はKnoblochより。

1. Kon č'urdéla dre túte barésa, čurdé dre léste marésa. ［コン・チュルデーラ・ドレ・トゥーテ・バレーサ・チュルデ・ドレ・レーステ・マレーサ］「あなたに石を投げる者には、パンを投げよ。」前半行と後半行が-esa（単数具格語尾）の脚韻を踏んでいる。発音上注意すべきはc [ts]。č [tš]。éやúはアクセントを示す。子音の口蓋化（palatalization）はロシア語の影響であり、本来のジプシー語にはない。文法についてはkon (he who, wer) は印欧語特有の疑問代名詞・関係代名詞の語根*kwi-, *kwo- を含んでいる。[']は口蓋音、(č'urdélaはč'urdáva（投げる）の三人称単数。barésaはbar（石、Boretzky-Iglaではbař）の単数具格。marésaはmaró（パン；Boretsky-Iglaではmařó）の単数具格。čurdé（投げよ）は命令形。「石を投げる」を「石で投げる、石で投げつける」という言い方はギリシア語líthois bállein, 古代ノルド語kasta steini（複数steinum）と同じだし、ロシア語でもbrosát' kámen'（acc.）と並んでbrosát' kámnem（instr.）ともいう。

2. Barval'pé lovénca, čoror'ipé g'il'énca. ［バルヴァリペ・ロヴェンツァ・チョロリペ・ギリェンツァ］「富める者はお金で暮らし、貧しい者は歌で暮らす。」前半行と後半行が-énca（エンツァ、複数具格）の脚韻を踏んでいる。c [ts]、č [tš]。barval'pé（富）、čoror'pé（貧困）の-ipé は形容詞から抽象名

詞を作る接尾辞（ヒンディー語 -pan）。lovénca は lové（お金）の複数具格。g'il'énca は g'ilí（歌＜サ gīti-) の複数具格。g' とか l' とか、やたらに口蓋化 (palatalization) が多いのはロシア語の習慣から来ている。

3. Paši mōl pennēna čačepen.「ワインを飲むと、人は真実を語る。」ギリシア・ローマ時代からの in vino veritas（ワインの中に真実あり）を訳したものと思われる。paši mōl 'beim Wein'（ワインを飲むと）。mōl（ワイン＜サ mádhu, エ mead）。pennēna 'they say, sie sagen'（phenáv 'say, dico'）; čačepen 'truth' ＜ čačó 'true' ＜ サ satya-.

4. Lavénca o mósto na kerésa「ことばで橋を建てることはできない」不言実行。lavénca（ことばで）。mósto（橋）はロシア語より。kerésa 'du machst' ＜ keráv 'ich mache' ＜ サ kr̥-（作る）。

5. O šilaló pan'í na xas'k'lá god'í.「冷えたスープを飲んでも頭がわるくなることはない。」粗食は、むしろ、精神を磨く。pan'í（水）は、ここでは「スープ」。サ pānīya- より。この文も pan'í, xas'k'lá, god'í など口蓋化が多く見られるが、これもロシア語の習慣による。

6. E b'ida god'í b'iyanéla.「不幸は知性を呼び覚ます。」哲学的な考察である。e は女性名詞の定冠詞。b'ida（悲しみ、不幸）はロシア語 bedá より。b'iyanéla（呼び覚ます）はサ *vi-janati より。

7. I tarni romni har i rosa. I puri romni har i džamba.「若い女はバラのようだ。年老いた女はヒキガエルのようだ。」i は 6. の e と同じで、女性定冠詞。tarno（若い）はサ taruna- より。har = sar（…のような、like, wie）。puro, phuro「古い、老いた」。romni「女、妻」は rom「男、夫、ジプシー」の女性形。

džamba「ヒキガエル」。

8. O svietto hi sir e treppe ; o jek džala apry, o wawer džala tehelé.「世界は階段のようなものだ。上る人もあれば、下りる人もある。」ヨーロッパの種々の言語にある。栄枯盛衰は世の習い。競争の世界である。svietto「世界」はスラヴ語svetより。hi 'he, she, it is'. sir = sar, har 'like, wie' (cf.7)。e treppe「階段、梯子」はドイツ語より。eは女性名詞の定冠詞。ドイツ語die Treppeも女性名詞。o jek 'the one, der eine'. wawer = aver 'the other, der andere'. džala 'er geht' <サ yāti ; apry = avri 'out, outside, aussen, draussen, hinaus'「外に行く、活躍する」tehelé = telé 'down, unten'.

9. Patuvale lāva kērela but, te mollevēna kutti.「丁寧な言葉は無料なのに、多くのことを可能にする。」patuvalo「礼儀正しい」lāva = aláv「言葉」の複数。but 'much, viel' <サ bahu (cf. bahuvrīhi 'having a lot of rice')。te 'and, that'. mollevēna 'they cost, sie kosten'. kutti 'little'.

10. Matte manuša te tikkene čave pennēna o čačepen.「酔っぱらいと子供は本当のことを言う。」3. の「ワインの中に真理あり」と同じ。mato「酔った」<サ matta-. čavo「少年、息子、子供」<サ sāva-.

11. Penči glan o gadžende, te pene o čačepen rakre romanes.「白人の前では何も言うな。真実を言うときにはジプシー語で言え。」迫害されてきたジプシーの警戒心を語っている。pen「言え」命令形 < phenáv 'say, sprechen'. glan…「の前で」。gadžende < gadž-en-de (loc.pl.)。gadžo「白人、農夫、家の人」<サ gṛha-「家」。te 'when, wenn'. rakre = rakker 'speak! sprich!' (Pott 第2巻 p.268)。romanesは副詞「ロマニー語で、

ジプシー語で」。

12. Sintenge jak džala putegar vri.「ジプシーの火は決して消えない。」この「火」は「精神、血」の意味。ジプシー族は滅びない、の意味。sinto (pl.sinti) は中部ヨーロッパやドイツのジプシーを指す。sint-en-ge は複数与格。jak = jag「火」＜サ agni-. džala 'goes, geht'. putegar 'never, niemals'. vri 'out, aus, hinaus'.

原語は不明だが、ほかに次のものがある。Bonsack, Wedeck などより。「魚には水が、鳥には森が、ジプシーには女と歌が必要だ」「一番むずかしい術は盗む術だ」「悪魔は退屈すると二人の女を喧嘩させる」「乙女のときはバラ、妻になるとイバラ」。これはラテン語からだが「片手が片手を洗い、両手が顔を洗う」。ラテン語 manus manum lavat「片手が片手を洗う；助け合いの精神」。

## 10. 文献解題

**Bonsack,** Wilfried M.（1976）. Unter einem Regenbogen bin ich heut gegangen. Sprichworte, Schnurren und Bräuche südeuropäischer Zigeuner. Kassel, Erich Röth-Verlag. 197pp.［南欧ジプシーのことわざ、小話、風俗習慣。表題は、今日、私は虹の下に出かけた、の意味。虹は母なる大地が危険の際にジプシーを守るために投げてくれる色彩の美しい帆を表す］

**Boretzky,** Norbert（1994）. Romani. Grammatik des Kalderaš-Dialektes mit Texten und Glossar. Berlin, Harrassowitz Verlag, Wiesbaden. xiv, 299pp.［カルデラシュ方言はバルカン半島および南欧諸国を指す。kalderašはルーマニア方言で銅細工師、いかけ屋の意味］

**Boretzky,** Norbert, und **Birgit-Igla**（1994）. Wörterbuch Romani-Deutsch-Englisch. Mit einer Grammatik der Dialektvarianten. Harrassowitz, Wiesbaden. xxi, 418pp.［語源が記されているのがありがたい。p.331-338にインド、イラン、アルメニア、ギリシアの語源のリストあり］

**Borrow,** George（1841）英国の作家、ジプシー研究家。「スペインの聖書The Bible in Spain」で有名。The Zincali, or an account of the Gypsies of Spain, with an original collection of their songs and poetry, and a copious dictionary of their language. 2 vols. xii, 362p. 156p. 135p.；（1851）Lavengro, the scholar, the Gypsy, the priest. 3 vols. x, 360p.; xi, 366p.; xi, 426p.；（1857）The Romany rye, a sequel to Lavengro, 2 vols. xi, 372p. vii, 375 p. ryeは'king'の意味, cf.サンスクリット語rājā, ラ rēx；（1874）Romano lavo-lil, Wordbook of the Romany, or the English Gypsy Language. With many pieces in Gypsy, illustrative of the way of speaking and thinking of the English Gypsies. vii, 331p. 以上すべて London, John Murray 刊。学習院大学英文科所蔵の The Works of George Borrow in 16 volumes, ed.by Clement Shorter. London, Constable & Co. 1923 に収められる。lav-engro = word-master, linguist；lavo-lil = word-book；Romany rye = Gypsy gentleman の意味。

George Borrow（1803-1881）は The Bible in Spain（1843）で有名な英国作家。英国のジプシーと親しく交際し、彼らの言語と習慣を学んだ。彼らから Gypsy gentleman と呼ばれた。Romano lavo-lil（1874）に次のようなバルカン語法が記されている。I wish to go = caumes te jas（thou wishest that thou goest），they wish to go = caumen te jallan（they wish that they go）；I must go = hom te jav（I am that I go, hom = som 'I am'），they must go = shan te jan（they are that they go）など Pott と並んで、当時のジプシー語の例として貴重な資料である。George Borrow については下宮『アンデルセン童話三題ほか20編』近代文藝社（2011, 33-101）を参照。

**Clavet,** Georges（1933）フランスのジプシー研究家。Dictionnaire tsigane-français（dialecte kalderash）, avec indexe français-tsigane. Paris, L'Asiatique, 462p.［3257語、語源あり］

**Demeter,** Roman Stepanovič（1990）. Cygansko-russkij i russko-cyganskij slovar'（Kelderarskij dialekt）. Moskva, Russkij jazyk. 334p.［5300のジプシー語・ロシア語 p.21-179, ロシア語・ジプシー語183-229, ジプシー語・英語233-281, 男子名・女子名282-284, 文法285-306, テキストとそのロシア語訳307-315, ジプシー事物挿絵319-333, 衣装、馬車、道具、食器、家屋など興味深い。語形が統一されていて使いやすい。語源はない］

**Gjerdman,** Olof, and Erik Ljungberg (1963). The Language of the Swedish Coppersmith Gypsy Johan Dmitri Taikon. Grammar, Texts, Vocabulary and Word-Index. (Acta Academiae Regiae Gustavi Adolphi, xl) Lundequistska Bokhandeln, Uppsala. xxiii, 455p. [Taikon (1879-1950) はジプシー語でMilošミロシュと呼ばれ、カルデラシュ・ジプシーに属する。スウェーデンのHälsingland州Bollnäsに生まれ、ノルウェー、フィンランド、ロシア、バルト諸国、ポーランド、ドイツ、フランスに滞在した。本書はTaikonの言語の詳細な記述で、phonology 3-28, word-formation 31-41, inflexion and syntax 45-146, texts (8 stories) 149-189, Gypsy-English word-list 193-396, English word index 399-451. 詳しい語源を付す。Taikonのジプシー語彙3600語のうちルーマニア起源は1500、スラヴ語140（うちロシア語40）、ギリシア語85、ハンガリー語80〜90]

**Hancock,** Ian (1998). Romani (pp.378-382). In: Glanville Price, ed. Encyclopedia of the languages of Europe. Blackwell, London.

**Knobloch,** Johann, und Inge Sudbrack (hrsg. 1977). Zigeunerkundliche Forschungen, I. Innsbruck.

**Liebich,** Richard (1863). Die Zigeuner in ihrem Wesen und in ihrer Sprache. Nach eigenen Beobachtungen dargestellt. Wiesbaden, F.A.Brockhaus. x, 272p. [Reprint Dr.Martin Sändig oHG 1968, mit Zigeunerliteratur von Erich Carlsohn. 語彙はp.125-168とわずかだが、他の辞書にないものがあり、意外に役立つ]

**Matras,** Yaron (ed. 1995). Romani in contact. Papers from the First international conference on Romani linguistics, Hamburg, May 1993. Amsterdam, John Benjamins (Current issues in Linguistic Theory, 126) xvii, 205p.

**Miklosich,** Franz (1872-1880). Über die Mundarten und Wanderungen der Zigeuner Europa's. I-XII Theile (Denkschriften der Kaiserlichen Akademie der Wissenschaften, phil.-hist. Classe, 21.-31.Bd.) Wien. I. Die slavischen Elemente in den Mundarten der Zigeuner ; II. Beiträge zur Grammatik und zum Lexikon der Zigeunermundarten ; III. Die Wanderungen der Zigeuner ; IV. Mährchen und Lieder der Zigeuner der Bukovina. Erster Theil. Texte mit lateinischer Interlinear-Version ; V. Mährchen und Lieder der Zigeuner der Bukovina. Zweiter Theil. Glossar. VI. Beiträge zur Kenntnis der Mundart in Galizien, in Sirmien und in Serbien. Über den Ursprung des Wortes 'Zigeuner'. Armenische Elemente im Zigeunerischen.

筆者が30年間探し求めてやっと2000年にJan de Rooy (Kamerick bei Rotterdam) から入手できたのはTheile VII-XII (1876-1880) で、その内容は次の通り。VII. Zigeunerisches Wörterbuch, A-K, p.3-89, VIII. Zigeunerisches Wörterbuch, L-Z, p.3-110. IX. Phonologie der Zigeunermundarten, p.3-51, X. Stammbildungslehre der Zigeunermundarten, p.1-95, XI. Morphologie der Zigeunermundarten, p.1-53, XII. Syntax der Zigeunermundarten, p.3-62 (Literatur 59-60). 著者 (1813-1891) はWien大学教授。スラヴ語比較文法とスラヴ語語源辞典の著者。Nabu public Domain reprints 2010.

**Pott,** August Friedrich (1844-1845). Die Zigeuner in Europa und Asien. Ethnographisch-linguistische Untersuchung, vornehmlich ihrer Herkunft und Sprache. 2 Theile. Halle, reprint 1964. Erster Theil : Einleitung und Grammatik. xvi, 476p. Zweiter Theil : Einleitung und über Gaunersprachen, Wörterbuch und Sprachproben.

540p.［言語学史に出る著名な印欧言語学者によるジプシー語の総括的な研究。その師Franz Bopp, ジプシーの先達Lorenz Diefenbach（Gross-Steinheim）, Graffunder（Erfurt）に捧げられている。当時の習慣からか、Jacob GrimmのDeutsche Grammatik（1819, 第2版第1巻1822）と同様、目次がない。私の所有している第1巻は1844年のもので、1980年、三修社の古書部から入手した（6300円）。Reprint 1964にはHeinz Mode（Halle）とJohannes Mehlig（Leipzig）の序文が寄せられ、PottがRomaniphilologie（ジプシー語研究）に取り組んだのは、ジプシーに対する不当な蔑視と軽蔑をやめるよう警告したからだった、と述べている。Pott（1802-1887）はHalle大学の一般言語学教授（この肩書を誇りにしていた）で、Wilhelm von Humboldt und die Sprachwissenschaft（1876, $1880^2$）の著者。

**Wedeck,** H.E.（1973）. Dictionary of Gypsy Life and Lore. London, Peter Owen. vi, 518p.［ジプシーの風俗習慣に関する百科事典］

**Wolf**, Siegmund A.（1987）. Grosses Wörterbuch der Zigeunersprache（romani tšiw）. Wortschatz deutscher und anderer europäischer Zigeunerdialekte. 2.Aufl. Helmut Buske Verlag, Hamburg, 287p.［3862語：WolfはPott, Miklosichを生んだ19世紀をdie grosse Zeit der Romani-philologieと呼んでいる。巻末にdeutsch-zigeunerisch用の索引あり］

## 11. 日本語文献

1. 風間喜代三「ロマーニー語」『言語学大辞典』第4巻、三省堂、1992, p.1068-1070.
2. ジュール・ブロック著、木内信敬訳『ジプシー』白水社、文庫クセジュ。1973, 第5刷1979. ii, 153頁。［著者（1880-1953）はインド語が専門の言語学者］
3. 木内信敬『青空と草原の民族。変貌するジプシー』白水社（白水叢書51）、1980, 241頁＋10頁。［ジプシーの起源、生活と職業、社会と文化、差別と迫害、新しいジプシー像、世界分布と欧米各国の状況を描く。著者は千葉大学教授、英文学者だが、古くからジプシー問題研究家］
4. 木内信敬『ジプシーの謎を追って』筑摩書房（ちくまプリマーブックス32）、1989, 200頁。［カルメン、フラメンコ、流浪の民などの名称で知られる民族ジプシーの起源、文化、風俗、日常生活を平易に紹介した本］
5. 平田伊都子『南仏プロヴァンスのジプシー』南雲堂フェニックス、1995, 164頁。［写真・イラスト・川名生十。プロヴァンスに初めてジプシーがあらわれたのは1419年、当初から農民はジプシーを安い労働力として利用してきた］

## 12. ジプシー民話6「ダイヤモンドのタマゴを生むメンドリ」テキストのための語彙

[略語 ai. = altindisch；alb. = albanisch；arm. = armenisch；gr. = griechisch；idg. = indogermanisch；lat. = lateinisch；pa. = pāli；pers. = persisch；pr. = prākrit；rum. = rumänisch]

aしかし、そして。セルビア語より。ロシア語と同じ用法。

adjamánto ダイヤモンド

adjamantósko ダイヤモンドの

ado, ada 'the, der' Pott I.269.

aláv=láva

ále 'take! nimm! cape!'

an 'on, auf'

and, andre prep.in, into, to

andar 'from'

andóu 3.sg.pret.of an 'fetch, bring'; 'attulit'

andry, andré 'in, inside'

anél 'brings' < annēla 'bring'; annēla avri 表現する [ai.ānayáti]

anró 'egg' [ai.āṇḍa]

apry, avrí 外へ、外面的に

arakl'as 'he found, invēnit'

avér, wawer 'other, another' [ai.apara-]

avry, avrí 外へ = apry [pr.vāhila, vāhila]

bar 庭 [pr.vāda-, vāta- 'Zaun']

bař [バフ] 石；barésa 石で (instr.) [パンジャブ語 vattā]

baredseskro 'scharfsinnig' 鋭敏な

baró 大きい [ai.vadra-]

barval'pé 富、金持ち [barvaló 'rich']

86

baxt［バハト］幸運、喜び、協会［pers.baxt］

b'ida 悲しみ、不幸［＜russ.bedá］

b'iyanéla 呼び覚ます［ai.*vi-jan-ati 'know, kennen, russ.znat'］

buíno（hoino の誤植か）豪華な

but 'much, viel'［ai.bahutva-］

butir, butedér 'more'［comparative of but］

čačepen 事実［＜čačó］

čačipé 真実［＜čačó 'true' ＜ ai.satya-］

čačó 真実の

čačopaskero 正直

camov=kamov, kamav 'I love, I wish'（Borrow）

čavó, chavó 少年（non-gypsy）、息子、子供［ai.sāva］

chāla 'eats' ＜ xal- 'to eat'［ai.khādati］

chamaske, dat.of xamāsko- 'edible'

chôdseskro 'tiefsinning' ＜ xor 深い［arm. xor 深い］

či 'not'［arm.（o)č 'not'］

čičeste 'bei etwas' 何かとくらべて［loc.of čičir 'something'］

čindo けちな 'knauserig, geizig'

činnēla, činél 'schneidet, schreibt'［板に刻む→書く。英語 write も、もとは木片に刻む、が原義だった］

čomóni 'something'

čoró 'poor'

čoror'ipé 貧困、貧しい者［＜čoró］

č'urdéla 'throws, wirft' ＜ čhúdel 'throw'

cънúto, cънútu 'regnum, Land'［rum.cînut］

dad 'father', voc. dade 'father, pater'

del 'gives，gibt'［ai.dádāti］

87

dēla 'give, geben'；dēla pala 'zurückgeben' 返す。dēla pâlall 譲る、遅れる

devél 神、天、宇宙 [ai.pa. devatā 'Gottheit'；Pott 第1巻 p.311]

devlekuno 'göttlich' 神の、敬虔な

devlister, abl.of devél 神（Gott）を恐れる Pott 第2巻 p.311.

dre (=andre) prep. 'in'

dschungeló, džungaló ひどい、醜い

džala 'goes' [ai.yāti]。džala apry 外に出る、活躍する。džala tehelé 'goes down'；džala vri 'goes out' 消える

džamba, žamba ヒキガエル

džanel 'knows'

e 'the' 女性定冠詞＝i [e treppe 'die Treppe, the stair' 階段]

ek=yek 'one'

ek míje gálbeni 'mille aureos'

Engelen, acc.of englo 天使

Engellendaris 英国人

fedidir, fedér 'better' [ai.bhadra + 比較級 -(d)er]

fóru 'town, city' [gr.phóros]

gadavá 'this'

gadžénde < gadž-en-de, loc.of gadžo「白人、農夫、家の人」[ai. gṛha- 家]

gálbъnu, pl.of gálbeni 'Dukaten' [gálbeno 'yellow, golden']

glan…の前で

g'l'énca, dat.instr.of g'lí 歌 [ai.gīti-]

god'í 脳、理性 [ai.gorda-]

grijčári 'Kreutzer'（小貨幣；十字架の印がある）

gutti, kutti 少し

gʊl'ás, pret.3.sg.of ža 'to go' [異語根]

h' = haj

haj 'and'

hallauter, shalauter, shaaster すべて（alles）

har, sar 'like'…のように

hi 'he is, she is, it is' [siが普通＜ai.asti 'is, ist']

hoines, fem.of hoino 'anständig, ehrenhaft, vornehm'

hoino（Pott第2巻174）'gut, vortrefflich, tugendhaft, tugendsam, fleissig, heilig, fromm'

i 'the' 女性定冠詞（＝e）。i godli 'the noise'

Italienaris イタリア人

jak 火 [ai.agni-]

jakk, jakh 日 [ai.cakṣus]

jek 'one' [ai.eka-]

jek dsi 'ein Herz, a heart' [ai.jīva- 'life']

jilú, jiló, iló 'Herz, cor' [ai.hṛdaya-]

jov = vov 'he'

kadó 'this'

kadól, pl.of kadó

kajńí 'hen, gallina'

kalo 黒い [ai.kāla]

kamav 'I wish' [ai.kāma 愛]

kamēla 'likes, wishes, liebt, wünscht' ＜ kamél 'to wish' [ai.kāma 愛、願望]

kava kʊrtí 苦いコーヒー（coffeam amaram）

kekar 'never'

ker, kar, kʊr 'make, do' [ai.kṛ]

keráv 'I make' [ai.kr̥]
kerél 'to do, make, work'
kērela = kerla
kerepaskero 世話好き＜kerél
kerésa 'thou makest'
kerla 'makes, believes' [ai.kr̥]
kerla pes 'believes himself (to be)'
kher 'house' [ai.gr̥ha-]
kon 'who, he who, wer' [idg.*kwi-/kwo-]
kòva, kov'á 'this, dieser', Füllwort (Boretzky-Igla)
kutti, gutti (Liebich) 少し
kʊd'óu, pret.of kʊr, kar 'machen, tun, bauen, gebären, (Eier) legen' [ai.kr̥-]
kʊrtí, kertó 'bitter' [ai.katuka-]
lako, lake, dat.of oj 'she'
las, la, acc.of oj 'she'
latscho, lačhó 'gut, schön, passend' [ai.lakṣmī 'gutes Zeichen, Glück']
lāva, pl.of aláv 言葉
lavénca, instr.of lāva, 言葉で
lavo-lil 'word-book' (Borrow)
lēla 'takes'; lēla pes andry jakk 外に目を向ける、用心深い＜lel 'to take' [ai.labhate]
les, acc. 'him, ihn'; dat.'him, ihm'
leske, leste, dat.'him, ihm'
love, pl.of lovó お金、金貨。lovénca お金で [ai.loha-]
magári 'asinus', magaríca 'asina' [＜ai.]

maj 'more'. o maj cignó 'the smallest'〔L.magis〕

manuš 人間。manušen, acc.pl. of manuš 人間

marésa パンで（instr.of maró）

marno, manřo, maro パン〔ai.maṇḍa- おかゆ〕

mató, matto 酔った〔ai.matta-〕

me 'I, ich'

mekkēla 'lets' させる＜mekél 'to let'

meschto, mištó 'well, gut'

mōl ワイン〔ai.mádhu 蜜酒, mead, russ.mëd ミョート〕

mollevēna 'they cost'

mósto 橋〔russ.sbkr.most〕

mulo 'dead'〔ai.mṛta-〕

nan, nane 'not'

naští 'cannot'〔ai.nāsti ＜ na asti 'is not'〕

nazdrъvánu 'propheta, Seher'

nevo, nevó 新しい〔idg.〕

ni 'not' スラヴ語一般に 'auch nicht'

o 'the' 男性定冠詞（o svietto 'the world'）

o jek 'one of them, der eine'

o maj cъgnó 'the smallest, the youngest, natu minimus'

o wawer 'the other'

oare so 'something, irgend etwas'〔rum.oare〕

oder しかし Pott 第2巻 p.487（この語は確認できず：ドイツ語か）

opre 上に〔ai.uparí〕

palal 'von hinten, nach'

pan'í 水（ここではスープ）〔ai.pānīya-〕

paschē, pašé 近くに〔ai.pāršve〕

paši mōl 'beim Wein' ワインを飲むと

patuvakró 礼儀正しい＜pačiv 名誉〔arm.pativ 名誉〕

pazzēla 'believes' ＜ paćal 'to believe'

pe 'on, auf'〔ai.upari〕

pen 言え imperative of phenáv 言う、話す〔ai.bhanati〕

pend'ás 'he said', 3.sg.pret.of pen, phen, phenáv

pennēna 'they say'（phenáv 'dico'）

perdál 'through'

pèriapaskero 冗談好きの＜pherjapé 冗談

pes 'oneself, sich'〔pr.appa, atta, ai.ātman 魂、自身〕

pester 自分から 'von sich'

phenáv 'I say, dico'〔bhanati〕

pherjapé 冗談

phuró 古い（phuro lav 古い言葉、ことわざ）〔ai.vṛddha-〕

piramnó 愛人, amator〔ai.priya- 'lieb'〕

pjēla 'he drinks', 3.sg.pres.of pijél 'to drink'〔ai.pibati〕

pravel, parvarél 養う

puro, phuro 'old'

putegar 'never'

pъnrъ 'pedes', punřó 'foot'〔ai.piṇḍa- 'Klumpen, Stück'〕

raj 'king, gentleman'（The Romany Rye, by G.Borrow）

rakerla 'speaks' ＜ rakerél 'to speak'

rakerpaskero おしゃべり好きな

rakló 'boy (non-gypsy), son', pl.-ló〔ai.laḍḍa- 'boy'〕

rakre, rakker 'sprich!' 話せ（Pott 第2巻 p.268）

rikkerla 'holds, hält fest'〔rikerél 'to hold, festhalten'〕

rom ジプシー、男、夫［原義：人間］

romanes（adv.）ロマニー語で、ジプシー語で

romni 女、妻（fem. of rom）

rosa バラ

sach 'they were, erant'

samaskro, asavnó 嘲笑的, 'lächerlich, höhnisch'

sar…のような、ように。sir, har もあり。

sas 'he was, erat'

sasti 'can'

schinnel = džanél 'knows'

Schpaniaris スペイン人

schukker, šukár 'schön'

ser = sar…よりも

shaaster, shalauter 'all, everything, alles'

si, shi = hi 'it is, es ist'［ai.asti］

sigo, zigno 早い、速い［ai.śīgra-］

sikadó 博識の、学者［原義：教えられた, cf.L.doctus］

šilaló 冷えた 'cooled, gekühlt'

sint-en-ge, gen. of sinto

sinto（pl.sinti）中部ヨーロッパのジプシー

sir = sar, har 'als', …のように、…として（Liebich）

so 疑問代名詞、関係代名詞 'who, which, that which'［ai.kasya 'whose, wessen'］

som 'I am'［ai.asmi］

šou 'six'

Ssasso サクソン人（ドイツ人）［cf.lat.saxum 小刀］

ssasti, sasti 'can, kann'［＜s-asti? cf.nasti 'cannot'］

sso = so

štar 'four' [ai.catvāra-]

šudró 'cool'

svietiskro zikkerpaskro 世界の識者（哲学者）

svietto 世界 [slav. svet]

šъró, šeró 'Kopf' [ai.śiras-]

ta 'and'

tachall = te xal 'to eat, that he eats'

tarno 'young' [ai.taruna-]

te 'and, that, dass' [ai.tad, lat.istud, got.þata, e.that, slav.to]

te dschal, te džal 'to go, that he goes'

thaj 'and' [ai.tathāpi 'so, in der Weise']

tikno 小さい [ai.tīkṣṇa- 'scharf, heiss, fein']

t'indóu 'he bought', 3.sg.of t'in 'to buy'

t'iné 'buy!', 2.sg.imp.of t'in 'to buy'

traschetùno, trašutnó …を恐れる (adj.c.abl.) [traš 恐怖]

treppe 階段、梯子 [＜ドイツ語] e treppe = ド die Treppe

trin 'three'

tropeskero 毅然とした 'standhaft'

tschatscho, čačó 真実の 'wahr' [ai.satya-]

tschi, či 'nothing'

tschindo ケチな 'knauserig, geizig' (Liebich)

tschinēla, činél 'schneiden, schreiben'「切る、刻む」から「書く」への意味変化は英語のwriteと同じ。

tschitscheste, čičeste 何かに比べて、何かのもとで、何物に代えても 'bei etwas' (loc.of čiči)

tut 'thee, dich' [nom.tu ＜ ai.tvam]

túte, loc.of tu 'in, unto you'

vēla 'comes' < avél ［ai.āpáyati］

vov 'he'

vrí 外へ。á vrí 外へ

Waldscho フランス人（ドイツ人からみたフランス人、英国人からみたウェールズ人）［原義：異国の］

waver, wawer = avér 'the other, another'

xal 'eats' ［ai.khādati］

xala, xalja, pret.of xal 'eat'

xamasko 'edible' 食べられる；大食家

xasˈkˈrlá（it）ruins（3.sg.pres.of xasˈkˈiráva）

yek, ek 'one'

žamba カエル、ヒキガエル［< gr.zámpa］

že 'go!'（2.sg.imp.of ža, džal 'to go'）

zigno = sigo 早い、速い［ai.śīgra-］

zikkerdo = sikadó 博識の、学者

zikkerpaskro 賢者

ъ（Bukovina, = rum.î）その他 ə = a, i, u ［Boretzky-Igla］

ъmparátu 'imperator' ［rum.împarat 'König'］

［学習院大学人文科学研究所『人文』3（2004）］

## 著者プロフィール

### 下宮 忠雄（しもみや ただお）

1935年、東京生まれ。1961年早稲田大学第二文学部英文科卒。1961-1965東京教育大学大学院でゲルマン語学、比較言語学専攻。1965-1967ボン大学留学。1967-1975弘前大学講師、助教授（英語学、言語学）、1977学習院大学教授（ドイツ語、ヨーロッパの言語と文化）、2005同、名誉教授。2010文学博士。
主著：ドイツ語語源小辞典；ドイツ西欧ことわざ名句小辞典；グリム童話・伝説・神話・文法小辞典；バスク語入門（言語と文化）；ノルウェー語四週間；言語学I（英語学文献解題I）；アンデルセン小辞典；グリム小辞典。

---

## ジプシー民話

2025年4月15日　初版第1刷発行

著　者　下宮　忠雄
発行者　瓜谷　綱延
発行所　株式会社文芸社
　　　　〒160-0022　東京都新宿区新宿1-10-1
　　　　　　　　電話　03-5369-3060（代表）
　　　　　　　　　　　03-5369-2299（販売）

印　刷　株式会社文芸社
製本所　株式会社MOTOMURA

©SHIMOMIYA Tadao 2025 Printed in Japan
乱丁本・落丁本はお手数ですが小社販売部宛にお送りください。
送料小社負担にてお取り替えいたします。
本書の一部、あるいは全部を無断で複写・複製・転載・放映、データ配信することは、法律で認められた場合を除き、著作権の侵害となります。
ISBN978-4-286-25730-3